Wolfgang Hölzel   Klipperschiffe des 19. Jahrhunderts

Wolfgang Hölzel

Klipperschiffe des 19. Jahrhunderts

VEB Hinstorff Verlag Rostock 1987

ISBN 3-356-00145-0

© VEB Hinstorff Verlag Rostock 1976
4. Auflage 1987. Lizenz-Nr. 391/240/73/87
Printed in the German Democratic Republic
Typographie: Matthias Oehmke
Herstellung: Offizin Andersen Nexö,
Graphischer Großbetrieb, Leipzig III/18/38
Bestell-Nr. 522 321 6

02480

Inhaltsverzeichnis

Vorwort

Die Blütezeit der weltweiten Handelsschiffahrt unter Segeln, der Zeitraum von etwa 1840 bis 1870, ist bereits von der stürmischen Entwicklung der Dampfer überschattet. Vielleicht aus diesem Grunde, vielleicht aber auch, weil Deutschland dabei nur eine unbedeutende Rolle gespielt hat, gibt es kaum deutschsprachige Literatur über diese Epoche. So soll das vorliegende Buch ein Versuch sein, wenigstens einen kleinen Teil dieser Lücke zu schließen. Eine umfassende Behandlung des Themas hätte ein mit Sicherheit mehrbändiges Werk mit weit größerem Umfang der einzelnen Bände ergeben, denn jedes der hier behandelten Kapitel hat sehr umfangreiches Quellenmaterial zur Grundlage.

Um auch nicht den Eindruck zu erwekken, die wenigen hier genannten Schiffe seien alles, was die geschilderte Epoche aufzuweisen habe, muß noch erwähnt werden, daß beispielsweise Clark und Cutler ihren Büchern Schiffslisten beigegeben haben, die jeweils über viele Seiten reichen und doch nur britische und amerikanische Schiffe nennen. Mit einer Aufzählung aller Klipperschiffe, die jemals existierten, könnte man also mehr als nur einen solchen Band füllen.

Im vorliegenden Buch wurden nur die herausragenden Reisen von einigen der berühmtesten Klipperschiffe näher behandelt. Zwangsläufig sind das alles britische und amerikanische Schiffe, denn diese beiden Nationen lagen im harten Kampf um die Vorherrschaft im Welthandel, während alle anderen Schiffahrtsnationen noch mit anderen Problemen beschäftigt waren.

Auch von den vielen Schiffbauern sind nur wenige genannt, und nur einer der berühmtesten konnte eingehender behandelt werden. Das gleiche gilt von den Klipperkapitänen, während von den Mannschaften nur hin und wieder eine Kleinigkeit erwähnt wird.

Wenn also die Vielschichtigkeit des Themas hier auch nur angedeutet werden kann, bleibt doch zu hoffen, daß der Leser aus dem Gebotenen einen etwas tieferen Einblick in diese Epoche und ein einigermaßen realistisches Bild jener Zeit, in der die Seefahrt alles andere als romantisch war, erhält.

Leipzig, im Mai 1975   Wolfgang Hölzel

Einführung

Die gegen Ende des 16. Jahrhunderts von den in spanischen Diensten stehenden Genuesen an die flandrische Küste gebrachten kleinen, scharfgebauten Ruderfahrzeuge (Fragata, Fregata, später Fregatte) wurden hier sehr bald nachgebaut und weiterentwickelt. Die geringsten Abweichungen vom Urtyp in Größe und Form weisen die Lugger der nordfranzösischen Küste noch im 18. und 19. Jahrhundert auf, doch auch der niederländische und der französische Großschiffbau blieben nicht unbeeinflußt. Niederländische Quellen erwähnen im zweiten Viertel des 17. Jahrhunderts bereits sogenannte »fregattierte Schiffe« später einfach »Fregattschiffe«, neben den eigentlichen, jedoch viel kleineren Fregatten.

Im 18. Jahrhundert galt Frankreich als die führende Schiffbaunation. Die auf französischen Werften entstandenen Schiffe wiesen gegenüber anderen meist etwas schärfere Formen auf und zeigten sich in Kämpfen durch größere Geschwindigkeit und Manövrierfähigkeit überlegen. Die allgemeine Weiterentwicklung, die aus dem Bestreben, diese Überlegenheit auszugleichen, entstand, führte schließlich zu den hervorragenden Blackwall-Fregatten, die für mehrere Jahrzehnte als die besten Schiffe ihrer Größenklasse galten.

Der amerikanische Schiffbau begann 1607 mit der 30 tons großen Pinasse VIRGINIA. Er entwickelte sich ständig weiter, doch wurden meist nur kleinere Fahrzeuge gebaut. Im Jahre 1769 entstanden auf den Werften entlang der amerikanischen Ostküste insgesamt 389 Fahrzeuge, von denen 113 Rahtakelung trugen. Die durchschnittliche Größe lag nur wenig über 50 tons, wenige waren über 100 tons, keines über 200 tons groß. Ein Teil dieser Fahrzeuge, die in ihren Formen an die französischen Lugger erinnern, wurden bereits als »clipper« bezeichnet.

Im Unabhängigkeitskrieg (1775 bis 1783) erzielten die meist recht kleinen, dafür aber schnellen und wendigen amerikanischen Fahrzeuge oft unglaublich erscheinende Erfolge in den Kämpfen mit den größeren, aber schwerfälligeren britischen Schiffen. Als dann nach dem Vertrag zwischen den Vereinigten Staaten und Frankreich von 1778 einige französische Fregatten und Lugger in die amerikanischen Gewässer kamen, wurden deren Linien vermessen und die Schiffe auf verschiedenen Werften nachgebaut. Ihre besonderen Merkmale waren ein schöngeformter Bug mit nicht übermäßig scharfen Wasserlinien, leichte, schnittige Linien im Vor- und Mittelschiff und ein langes, scharfes Achterschiff. Der Boden war stark aufkimmend und der Deckssprung gut. Die größte Breite lag gut vor der Mitte. Man sagte damals, sie hätten einen Kabeljaukopf und einen Makrelenschwanz.

Auf den Werften von Baltimore, wo man sie ebenfalls als Vorbilder benutzte, wurde die Entwicklung weitergeführt. Hier entstand ein neuer Typ, der im Kriege von 1812 als »Baltimoreclipper« bekannt wurde. Diese Fahrzeuge hatten noch schlankere, wahrscheinlich aber stets konvexe Linien. Getakelt waren sie meist als Schoner oder Brigantinen.

Der Ursprung der Bezeichnung »clipper« oder »Klipper« ist nicht ganz klar. Auf »zerschneiden« oder »zerteilen« läßt er sich je jedenfalls nicht zurückführen, wie häufig angenommen wird. Davon kann nur die Bezeichnung »cutter« oder »Kutter« (von »to cut«) abgeleitet sein.

Im heutigen Englisch bedeutet »to clip« abschneiden, verkürzen. Ein einleuchtender Zusammenhang scheint hier nicht zu bestehen. Früher allerdings wurde damit unter anderem auch schnelles Laufen oder Fliegen bezeichnet, und im Neu-England-Slang jener Zeit waren Ausdrücke wie »to clip it«, »going at a good clip« oder »a fast clip« üblich. Auch in der dichterischen Beschreibung des Fluges der Falken (Dryden 1667) findet sich so ein Ausdruck:

»Some falcon stoops at what her
    eye designed,
And, with her eagerness the
    quarry missed,
Straight flies at check, and clips
    it down the wind.«

So ist es wohl einleuchtend, daß man Schiffen, die so gebaut waren, daß sie eher über das Wasser zu fliegen schienen, als es zu durchschneiden, in der Sprache jener Zeit einen Namen gab, der das ausdrücken konnte.

An dieser Stelle soll auch auf den hier gebrauchten Ausdruck »Klipperschiff« etwas näher eingegangen werden. Er entstammt der in fast allen Sprachen üblichen Gliederung der Segelfahrzeuge, nach der nur vollgetakelte, mindestens dreimastige Segelfahrzeuge als »Schiff« angesprochen werden. Die Bezeichnung »Fregatte« und die um 1900 aufgekommene Bezeichnung »Vollschiff« für alle mindestens dreimastigen vollgetakelten Segler gibt es nur in Deutschland. Sie haben viel zur völligen Verwirrung der Begriffe beigetragen. Man sollte also besser wieder auf die alten und anderweitig noch immer gültigen Bezeichnungen zurückkommen und jedes nicht vollgetakelte drei- oder mehrmastige Segelfahrzeug entsprechend seiner Takelage ansprechen, also z.B. als Bark, Schoner, Schonerbark usw. Vollgetakelt bedeutet dabei, daß an allen Masten Rahsegel gefahren werden. Die bauartbezogenen Vorsätze, wie z.B. Galiotschiff, Pinkschiff usw., zeigen, daß nicht nur Fahrzeuge in Fregattform oder in Klipperbauart als Schiff getakelt sein können.

Die Baltimore-Klipper wurden oft ihrer Takelage entsprechend als Klipperschoner bzw. als Klipperbrigg bezeichnet, erst für den dreimastigen, vollgetakelten Typ gebrauchte man die Bezeichnung »Klipperschiff«.

Entwicklung der Handelsschiffahrt in den USA

Nach Beendigung des Unabhängigkeitskrieges begann sich in den Häfen der amerikanischen Ostküste die Handelsschiffahrt mächtig zu entwickeln. Führend waren die Hafenstädte Salem (Massachusetts), Boston, Philadelphia und New York.

Von Salem aus segelte bereits 1784 die Bark LIGHT HORSE nach St. Petersburg und wenig später die GRAND TURK um das Kap Hoffnung nach China. Die ATLANTIK ging 1789 unter dem Kommando von Elias Hasket Derby jr, als erstes Schiff unter der neuen Flagge der Vereinigten Staaten nach Calcutta und Bombay, und die PEGGY, die ihr wenig später folgte, brachte die erste Ladung Baumwolle von Bombay nach der Massachusetts-Bay. Alle diese Schiffe gehörten dem größten Kaufmann und Reeder Salems, Elias Hasket Derby sr., der eine Flotte von 40 Schiffen besaß und bei seinem Tode 1799 ein Vermögen von mehr als 1 000 000 $ hinterließ.

William Gray, ebenfalls ein Kaufmann und Reeder aus Salem, besaß 1807 insgesamt 36 Fahrzeuge, die ein Viertel der Salemer Gesamttonnage umfaßten. Es waren 15 Schiffe, 7 Barken, 13 Briggs, 1 Schoner.

Weitere bekannte Reeder Salems waren damals Joseph Peabody, Benjamin Pickman und Jacob Crowninshield.

Von Boston segelten 1788 das Schiff COLUMBIA (213 tons) und die Sloop WASHINGTON (90 tons) unter den Kapitänen John Kendrick und Robert Gray um Kap Hoorn nach der Nordwestküste Nordamerikas und von dort, mit Pelzen beladen, nach China. Die COLUMBIA kehrte von dort um Kap Hoffnung nach Boston zurück und hatte damit als erstes Schiff unter der Flagge der USA die Erde umrundet.

Auch das größte damals in Amerika gebaute Schiff, die 600 tons große MASSACHUSETTS, gebaut 1789 in Quincy (Mass.), gehörte nach Boston. Sie segelte später nach Kanton, wo sie für 65000 $ an die Dänisch-Ostindische Company verkauft wurde.

Die bekannteste Reederei Bostons war damals die Fa. Western. Ezra Western sr. ließ seine Schiffe auf seiner eigenen, 1764 gegründeten Werft, Segelmacherei und Taklerei in Duxbury (Mass.) bauen und ausrüsten. Er führte seine Firma bis 1822, sein Sohn Ezra Western jr. danach bis 1842 und die Enkel Gersham, Alden und Ezra bis 1858. Von 1800 bis 1846 besaß die Firma 97 Fahrzeuge, davon waren 21 Schiffe von 880 bis 250 tons, 1 Bark von 209 tons, 30 Briggs von 240 bis 120 tons, 35 Schoner von 132 bis 20 tons, 10 Sloops von 63 bis 50 tons.

Die dieser Firma gehörende 1825 gebaute Brigg SMYRNA (160 tons) traf am 17. Juli 1830 als erstes Schiff unter amerikanischer Flagge in Odessa ein und eröffnete damit den amerikanischen Schwarzmeerhandel.

Von Philadelphia ist Stephen Girard bekannt. 1750 in der Gegend von Bordeaux geboren, ging er schon früh als Schiffsjunge zur See und arbeitete sich hoch, bis er schließlich Kapitän eines eigenen Schiffes war. In Philadelphia baute er von 1791 an Schiffe. Besonders bekannt sind die von ihm für die China- und Indienfahrt gebauten Schiffe HELVETIA, MONTESQUIEU, ROUS-

SEAU und VOLTAIRE, die lange Zeit der Stolz Philadelphias waren.

Im Jahre 1785 segelte die in Albany erbaute Sloop ENTERPRISE (80 tons) unter dem Kommando von Kapitän Stewart Dean von New York nach Kanton und kehrte im folgenden Jahre wohlbehalten mit ihrer Besatzung von 7 Mann und 2 Jungen zurück. Das war die erste direkte Reise von der Ostküste Nordamerikas nach China und zurück.

Einer der ersten New Yorker Schiffbauer war Thomas Cheesman. Foreman Cheesman, sein 1763 geborener Sohn, übernahm gegen Ende des 18. Jahrhunderts die Werft auf Corlear's Hook, wo er im Jahre 1800 das damals größte New Yorker Schiff baute, die Fregatte PRESIDENT mit 44 Kanonen. Diesem Schiff folgten dann die BRIGANZA und die DRAPER mit je 300 tons und die ONTARIO mit 500 tons.

Einige andere bekannte New Yorker Schiffbauer waren Thomas Vail, William Vincent und Samuel Ackley, Von ihren Werften kamen z. B. die EUGENE, die SEVERN, die MANHATTAN, die SAMPSON, die ECHO, die HERCULES, die RESOURCE, die YORK und die OLIVER ELLSWORTH.

Die von Samuel Ackley gebaute und für die China- und Indienfahrt bestimmte MANHATTAN (600 tons) wurde als ein »Ungeheuer der Tiefe« bezeichnet. Als sie 1796 zu ihrer ersten Fahrt auslaufen sollte, mußte man angeblich alle gerade verfügbaren Seeleute des Hafens aufbieten, um sie ausreichend zu bemannen. Nach anderen Quellen soll sie jedoch nur 48 Mann Besatzung gehabt haben. Die OLIVER ELLSWORTH, 1804 bei Vail & Vincent gebaut, segelte unter Kapitän Bennett in nur 14 Tagen von New York nach Liverpool. Noch 10 bis 15 Jahre später war die durchschnittliche Überfahrtdauer auf dieser Route 23 Tage. Ein erster Rekord also, der um so höher zu werten ist, wenn man den Verlust der Vorstenge und die notwendige Ergänzung der Takelage noch während der Fahrt berücksichtigt.

Auf Henry Eckfords 1802 gegründeter Werft lief 1803 John Jacob Astors Schiff BEAVER (427 tons) vom Stapel. Der spätere Kapitän Augustus DePeyster machte auf diesem Schiff seine erste Reise als Schiffsjunge. Christian Bergh baute 1804 das Schiff NORTH AMERICA (400 tons) für die Atlantikfahrt und die Brigg GIPSEY (300 tons), die als »sehr scharf für diese Zeit« bezeichnet wird. Auf ihrer ersten Reise, nach Batavia (heute Djakarta) bestimmt, wurde die GIPSEY bei Kap Hoffnung völlig entmastet, und auf der Rückreise geriet sie in eine sehr heftige Sturmbö und sank mit der gesamten Besatzung.

Ebenfalls für die China- und Indienfahrt bauten 1805 Adam und Noah Brown die TRIDENT und Charles Brown die TRITON, beide 350 tons groß, und John Floyd 1807 die CARMELITE mit 400 tons.

Zu den Tonnageangaben muß noch bemerkt werden, daß es nur manchmal der Größenwert der Wasserverdrängung ist, in anderen Fällen die Konstruktionstragfähigkeit, die Maximaltragfähigkeit, der Laderauminhalt oder auch ein nach damals gültigen Formeln errechneter Vermessungswert. Anhaltspunkte darüber, welcher Wert angegeben ist, gibt nur eine Nachrechnung der Völligkeitsgrade, die aber hier nicht ausgeführt wurde. Die Angaben wurden aus amerikanischen und britischen Quellen unverändert übernommen. Sie beziehen sich größtenteils auf shipping tons zu je 40 Kubikfuß (auch als ocean tons bezeichnet), in verschiedenen Fällen aber auch auf Registertons zu je 100 Kubikfuß.

Die Paketschiff-Linien im Nordatlantik

Im Jahre 1816 gründeten Isaac Wright, Francis und Jeremiah Thompson, Benjamin Marshall und einige andere die »Black Ball Line« als erste regelmäßige Verbindung zwischen New York und Liverpool. Die ersten Schiffe waren die AMITY, COURIER, PACIFIC und JAMES MONROE, alle etwa 400 tons. Später kamen dazu die NEW YORK, EAGLE, ORBIT, NESTOR, JAMES CROPPER, WILLIAM THOMPSON, ALBION, CANADA, BRITANNIA und COLUMBIA, alle zwischen 300 und 500 tons.

Regelmäßig, am 1. und am 16. jeden Monats, verließ ein Segler der Black Ball Line den Hafen von New York in Richtung Liverpool. Die Kapitäne, von denen einige im Kriege von 1812 Kaperschiffe geführt hatten, jagten die recht kleinen, aber schöngebauten Schiffe mit den kräftigen Masten und Spieren und der hohen Takelage mit der größten nur immer möglichen Geschwindigkeit über den Nordatlantik. Die durchschnittliche Dauer der Überfahrten war 23 Tage von New York nach Liverpool und 40 Tage von Liverpool nach New York. Die CANADA erreichte Durchschnittszeiten von 19 bzw. 36 Tagen, ihr Rekord lag bei 15 Tagen und 18 Stunden.

Alle Schiffe der Black Ball Line hatten ein glattes Deck, ein Ruderhaus, ein sogenanntes Überhaus über dem zwischen Fock- und Großmast auf Klampen verlaschten Großboot, einen über der Großluke errichteten »Kuhstall« und Kappen über allen anderen Luken.

Im Großboot war das lebende Vieh untergebracht. Zuunterst in Hürden Schafe und Schweine, auf einem darübergelegten Deck Gänse und Enten und zuoberst Hühner.

Die Kabinen der Kajütpassagiere lagen unter den Deck-Skylights. Sie waren für damalige Verhältnisse bequem und vornehm eingerichtet und hatten sogar Walöllampen zur Beleuchtung. Die Zwischendeckspassagiere waren weit weniger bequem mitschiffs im Zwischendeck untergebracht, und als Mannschaftslogis diente die Vorpiek. Im bei den Kabinen gelegenen und durch eine kleine Luke von Deck aus erreichbaren Lazarett lagerten Vorräte, Reservesegel, Ersatzteile usw.

Oberhalb der Wasserlinie waren die Schiffe schwarz mit einem breiten blankgeschrapten und gefirnißten Streifen mit meist nur aufgemalten Geschützpforten. Die Innenseite des Schanzkleides, die Reling, die Lukenkappen und die Boote waren grün. Auf das Vormarssegel war unter dem untersten Reffband ein großer schwarzer Ball aufgemalt, und die Reederei- oder Hausflagge im Großtopp war ein dunkelroter Doppelstander mit ebenfalls einem schwarzen Ball in der Mitte.

Thomas Cope aus Philadelphia eröffnete 1821 mit seinen beiden Schiffen LANCASTER und TUSCARORA, das eine 290 tons und das andere 379 tons groß, die Paketschiff-Linie Philadelphia–Liverpool. Im gleichen Jahre wurden noch die »Red Star Line« Liverpool–New York mit den Schiffen PANTHER, METEOR, HERCULES und der zweiten MANHATTAN und die »Swallow Tail Line« New York–Liverpool von Grinnell, Minturn & Co. mit den Schiffen NAPOLEON, SILAS

RICHARDS, GEORGE und YORK neu gegründet.

1823 wurden dann mit den Schiffen BRIGHTON, COLUMBIA, CORTEZ und CORINTHIAN – keines davon wesentlich größer als 500 tons – die »London Line« von Grinnell, Minturn & Co. und mit SOVEREIGN, PRESIDENT, CAMBRIA, HUDSON und der zweiten ONTARIO die »London Line«, von John Griswold eröffnet.

Unter der Leitung von E. K. Collins wurde 1836 die »Dramatic Line« nach Liverpool gegründet. Ihre ersten Schiffe waren die SIDDONS, SHAKESPEARE, GARRICK und ROSCIUS. Keines davon war größer als 700 tons. Die 1837 von Isaac Webb für diese Gesellschaft gebaute 895 tons große SHERIDAN wurde als »zu groß für ein Liverpool-Paketschiff« bezeichnet und nach nur wenigen Fahrten auf dieser Route in der Chinafahrt eingesetzt.

Francis Depaw gründete 1822 mit den Schiffen STEPHANIA, MONTANA, HENRY IV., HELEN MAR, LOUIS PHILIPPE und SILVIA DE GRASSE die erste Paketschiff-Linie nach Le Havre. Eine zweite Linie dahin wurde 1827 mit den Schiffen BALTIMORE, CHARLES CARROLL, ERIE, FRANCE, ONEIDA, MERCURY, UTICA, RHONE und WILLIAM TELL eröffnet, und 1832 folgte eine dritte mit den Schiffen FORMOSA, GALIA, ALBANY, DUCHESSE D'ORLEANS, ISAAC BELL, QUEEN MAB und DON QUIXOTE.

Die erste Linie New York–New Orleans wurde 1831 mit den Schiffen NASHVILLE, HUNTSVILLE, LOUISVILLE, CREOLE und NATCHEZ eröffnet. Diese Schiffe hatten kein glattes Deck mehr, sondern ein geschlossenes Poopdeck, unter dem nun die Kabinen untergebracht waren. Die meisten der losen Decks- und Lukenhäuser ließ man nun weg, und für den Innenanstrich wurde nicht mehr ausschließlich Grün, sondern oft Weiß oder eine andere helle Farbe verwendet.

Jede dieser Linien führte genau wie die Black Ball Line eine Reedereiflagge im Großtopp, die Dramatic Line nach Liverpool z. B. eine Flagge, obere Hälfte blau mit einem weißen L, untere Hälfte weiß mit schwarzem L, und dazu im Vormarssegel ein großes schwarzes X über die ganze Fläche des Segels, nach New Orleans einen roten Doppelstander mit weißem Ball und schwarzem L in der Mitte. Die Red Star Line führte einen blauen Doppelstander mit einem roten Stern in der Mitte, die Swallow Tail Line von Grinnell, Minturn & Co. nach Liverpool einen blauen Doppelstander mit einem weißen, der Spitzenform folgenden Streifen mit einer Breite von etwa einem Fünftel der Standerlänge über die Spitzen. Die Swallow Tail Line von Grinnell, Minturn & Co. nach London führte einen Doppelstander der gleichen Form, jedoch rot und weiß, und die London Line von John Griswold einen roten Doppelstander mit einem schwarzen X in der Mitte. Die Flagge der Union Havre Line schließlich zeigte ein schwarzes U in weißem Feld. Außerdem führten alle Paketschiffe von Sonnenuntergang bis Sonnenaufgang ein weißes Licht auf dem Bugspriet. Die Seitenlichter kamen erst später in Gebrauch.

Die Black Ball Line vergrößerte von 1836 an ihre Flotte durch die Schiffe COLUMBUS, OXFORD, CAMBRIDGE, die zweite NEW YORK, ENGLAND, YORKSHIRE, FIDELIA, ISAAC WRIGHT, ISAAC WEBB, die dritte MANHATTAN, MONTEZUMA, ALEXANDER MARSHALL, GREAT WESTERN und HARVEST QUEEN. Auch die Swallow Tail Line ließ neue Schiffe bauen, wie die WASHINGTON, INDEPENDENCE, ROSCOE, PENNSYLVANIA, PATRICK HENRY, ASHBURTON, HOTTINGER, QUEEN OF THE WEST, LIVERPOOL, NEW WORLD und CORNELIUS GRINNELL.

Obwohl die Größe der Schiffe ständig zunahm, überstieg sie doch lange Zeit nicht wesentlich die Grenze von 1000 tons. Das geschah erstmals bei der 1846 von Donald McKay gebauten NEW WORLD mit 1404 tons, der dann die Guy Mannering mit 1419 tons und die Albert Gallatin mit 1435 tons von William H. Webb folgten.

Damit soll die Aufzählung der Schiffahrtslinien beendet sein, obwohl es noch manche andere gab. Ungezählte Schiffe wurden in dieser Zeit auf amerikanischen und europäischen Werften gebaut und außer auf den Atlantiklinien auch in der weltweiten Handelsfahrt eingesetzt. – Die Mehrzahl der bisher genannten Schiffe war in der Form der nach französischem Vorbild entstandenen britischen Blackwall-Fregatten gehalten, bzw. diesen sehr ähnlich. Nur wenige, wie z. B. die 1822 gebaute Corinthian und die 1846 gebaute New World, waren in einer den Baltimore-Klippern ähnlichen Form ausgeführt.

Klipperschiffe —
ihre Entwicklung und ihre Reisen

Die Opiumklipper

Die eigentlichen frühen Klipper, die sogenannten Klipperschoner und Klipperbriggs, wurden nicht in der Paketlinienfahrt eingesetzt. Wahrscheinlich lag das an der geringen Größe der Fahrzeuge, die für die Passagierfahrt zuwenig Komfort und für den Auswanderertransport zuwenig Gewinn ermöglichte. Ihr Einsatz war zunächst wohl hauptsächlich auf Küstenfahrt und Zolldienst beschränkt, doch machten sie gelegentlich auch längere Fahrten.

Bereits 1831 begannen die drei kleinen britischen Schoner JAMESINA, LORD AMHERST und SYLPH mit dem Opiumhandel zwischen Indien und China. Allein die JAMESINA brachte 1833 Opium für 330000 £ nach verschiedenen chinesischen Häfen.

Die Amerikaner wurden bald auf dieses gewinnbringende Geschäft aufmerksam. 1841 sandte die Fa. Russel & Co. ihren Schoner ANGOLA (90 tons) nach Hongkong, um sich an ihm zu beteiligen. Ein Jahr später folgten die Schoner ZEPHYR (150 tons), MAZEPPA (175 tons) und ARIEL (100 tons) und die 370 tons große Brigg ANTELOPE. Diese Schiffe gehörten teils Russell & Co., teils John M. Forbes, die damit bald den gesamten Opiumhandel unter ihre Kontrolle brachten. Man nannte die Schiffe deshalb Opiumklipper.

Bei Alexander Hall & Co. in Aberdeen entstand 1839 mit dem für die Fahrt zwischen Aberdeen und London bestimmten Schoner SCOTTISH MAID (150 tons) der erste britische Klipper. Weitere drei Schoner der gleichen Form und Größe, FAIRY, RAPID und MONARCH, folgten 1842. Der 1846 auf dieser Werft für die Fa. Jardine, Matheson & Co. gebaute Klipperschoner TORRINGTON war der erste britische Opiumklipper, dem aber bald die Schoner WANDERER, GAZELLE und ROSE und die Brigg LAMARK folgten.

Schließlich beteiligten sich immer mehr britische und amerikanische Firmen am Opiumgeschäft mit wenigstens einem, oft mit mehreren Schiffen.

Die Opiumklipper waren schöngeformt und trugen sehr viel Segeltuch an ihren langen schlanken Masten. Sie glichen eher Jachten als Handelsschiffen, waren gut bewaffnet und stark bemannt und alle gute, schnelle und wendige Segler. Nur so waren sie in der Lage, sich gegen die starken Strömungen und Gezeiten der chinesischen Gewässer zu halten, gegen die Monsune aufzukreuzen und den Piraten dieser Gewässer zu entgehen. Die von Kapitän Philip Dumaresq geführte ANTELOPE soll damals der einzige Rahsegler gewesen sein, der gegen den Nordostmonsun die Formosa-Straße passieren konnte.

Die letzten bekannten Opiumklipper waren die 1851 gebauten Schoner MINNA und BRENDA mit je 300 tons und der 1855 auf der Jachtwerft von J. White in Cowes, Insel Wight, gebaute Schoner WILD DAYRELL mit 253 tons.

Die ersten Klipperschiffe

Den amerikanischen und britischen Quellen zufolge gab es vor 1830 nur Klipperschoner und Klipperbriggs, obwohl es auch in dieser Zeit schon scharfgebaute Schiffe, also vollgetakelte Dreimaster gab. Sie zeigten aber wohl in ihren Formen nicht die typischen Merkmale der Klipper, sondern waren eben nur schärfer gehalten als die übrigen.

Den Anfang machte wohl die 1800 in Matthews County (Virginia) gebaute und später nach Baltimore gehörende PAUL SIEMAN. Sie faßte 443 tons und war im Register als »scharf gebaut« eingetragen. Die 1807 in Baltimore gebaute, 363 tons große CONGRESS war so scharf gehalten, daß sie beim Stapellauf kenterte und sank.

Weiterhin gehörten zu dieser Art die 1812 in Anne Arundel County (Maryland) gebaute, 387 tons große MERIDIAN und die bereits erwähnte, 1822 in Baltimore gebaute CONRINTHIAN mit 503 tons. Die CONRINTHIAN soll ein sehr guter Segler gewesen sein.

1832 ließ der Kaufmann Isaac McKim aus Baltimore bei Kennard & Williamson in Baltimore die 493 tons große ANN McKIM bauen. Ein Schiff mit den Formen und allen Merkmalen der besten Baltimore-Klipper, 143 Fuß lang, 31 Fuß breit und 14 Fuß tief, mit ausfallenden Steven, stark aufkimmendem Boden und schlanken, aber konvexen Linien und mit geringem Freibord und stark geneigten Masten. Der Beschreibung nach, die Clark von diesem Schiff gibt, muß es wohl mehr einer Jacht als einem Frachtsegler geglichen haben. Aus gutem Eichenholz gebaut, mit kupfernen Bolzen und Nägeln, und im Unterwasserteil ganz mit Kupfer beschlagen, das Deck, die Deckshäuser, Lukendeckel und -kappen, Skylights und die Reling aus Mahagoni, die Spillköpfe, die Glocke und die Beschläge aus Messing, bewaffnet mit 12 Kanonen, ebenfalls aus Messing, trug sie eine Takelage mit 3 Skysegeln und Leesegeln bis zu den Royals.

Die ANN McKIM war zunächst nur ein gut gelungenes Experiment. Erst 1839 folgte ihr ein in gleicher Art gehaltenes Schiff, die von Samuel Hall in East Boston für John M. Forbes gebaute 650 tons große AKBAR. Sie segelte unter Kapitän James Watkins auf ihrer ersten Fahrt von New York nach Kanton 109 Tage, wobei sie noch gegen den Nordostmonsun aufkreuzen mußte.

Es folgten dann 1841 von William H. Webb für N. L. & G. Griswold die 650 tons große HELENA, 1842 von Waterman & Elwell für Forbes, Russell & Co. die PAUL JONES (620 tons) und die COURIER von Donald McKay.

Wahrscheinlich die letzten dieser Schiffe waren dann 1844 die 706 tons große HOUQUA, die bei Brown & Bell für Kapitän N. B. Palmer von A. A. Low & Brother in New York in Auftrag gegeben war, die 540 tons große MONTAUK und die 670 tons große PANAMA von William H. Webb und die von Samuel Hall in East Boston für Russell & Co. gebaute 420 tons große Bark COQUETTE.

John W. Griffeth, der einige Jahre bei Smith & Dimon in New York als Zeichner gearbeitet hatte, begann 1841 mit einer Reihe von Veröffentlichungen und Vorträgen, in denen er verschiedene Veränderungen und Verbesserungen in der Formgebung der Schiffe vorschlug. Seiner Meinung nach sollten die größte Breite weiter nach hinten kommen, die Wasserlinien an den Enden konkav verlaufen, der Vordersteven über der Wasserlinie in einer Kurve nach vorn ausfallen und das Heck viel leichter werden.

Howland & Aspinwall gaben 1843 an Smith & Dimon den Auftrag, ein Schiff von

750 tons Tragfähigkeit, die RAINBOW, nach den Plänen von John W. Griffeth zu bauen. Dieses Schiff, das im Januar 1845 vom Stapel lief, war das erste der Schiffe, über die Cutler schreibt: »Sauber, lang, glatt wie ein Aal. Elegant gebogener Steven, scharfer Bug mit hohlen Linien, leichtes, anmutig gerundetes Heck. Ein echter Ostindien- oder Californienfahrer. Hohe stark gebaute und mit Eisen verstärkte Masten, elegant verjüngte Stengen, lang bemessene Spieren von den Unter- bis zu den Skysegelrahen und eine Wolke von Segeltuch. Das war es, was die Seeleute der fünfziger Jahre (des 19. Jahrhunderts) meinten, wenn sie von Klippern sprachen.«

Sie war das erste extreme Klipperschiff und zeigte mit ihren schnellen Reisen, daß sich John W. Griffeth nicht geirrt hatte. 1848 sank sie auf der Fahrt von New York nach Valparaiso, wahrscheinlich bei Kap Hoorn.

Für Kapitän Robert H. Waterman, der bereits mit der NATCHEZ bemerkenswert schnelle Reisen gemacht hatte, gaben Howland & Aspinwall 1846 bei Smith & Dimon erneut ein extremes Klipperschiff in Auftrag, die 890 tons große SEA WITCH, 170 Fuß lang, 33 Fuß 11 Zoll breit und 19 Fuß tief.

Am 23. Dezember 1846 verließ die SEA WITCH zu ihrer ersten Reise New York und erreichte nach 104 Tagen Hongkong. Von Kanton aus trat sie die Heimreise an, die nur 81 Tage dauerte. Die zweite Reise dauerte 105 Tage und die Rückfahrt 77 Tage auf der gleichen Route.

Brown & Bell bauten 1847 für A. A. Low & Brother die 940 tons große SAMUEL RUSSELL, und in Boston entstand für Nye, Parkin & Co. die 520 tons große ARCHITECT. Bei Smith & Dimon wurde 1848 für Warren Delano die 1068 tons große MEMNON gebaut.

1849 baute Jacob Bell für A. A. Low & Brother die 1003 tons große ORIENTAL, 185 Fuß lang, 36 Fuß breit und 21 Fuß tief. Am 14. September des gleichen Jahres lief sie unter dem Kommando von Kapitän N. B. Palmer zu ihrer ersten Fahrt von New York nach Hongkong aus, wo sie nach 109 Tagen eintraf. Mit einer Ladung Tee ging sie am 30. Januar 1850 auf Heimatkurs und traf nach 81 Tagen, am 21. April, wieder in New York ein.

Zur zweiten Fahrt übernahm Kapitän Theodore Palmer, ein jüngerer Bruder N. B. Palmers, das Kommando. Am 19. Mai 1850 ging die ORIENTAL wieder mit Kurs Hongkong unter Segel, wo sie diesmal am 8. August, also nach 81 Tagen, eintraf. Sie übernahm eine Ladung Tee für London zu einer Frachtrate von 6 £ je ton zu 40 Kubikfuß, während den britischen Schiffen nur 3 £ 10 sh je ton zu 50 Kubikfuß geboten wurden. Am 28. August segelte sie von Hongkong ab, passierte Anjer nach 21 Tagen, Kap Lizard nach 91 Tagen und machte nach 97 Tagen im Westindiendock in London fest.

Der Frachtbetrag dieser Fahrt waren 9600 £ oder 48 000 $. Der Bau und die Ausrüstung des Schiffes hatten 70 000 $ gekostet.

Die ORIENTAL war das erste extreme Klipperschiff in London. Sie erregte deshalb großes Aufsehen, und die britische Admiralität ließ im Trockendock der Blackwall-Werft ihre Linien vermessen.

Nach dem Vorbild der ORIENTAL wurden von da an auch in England und wenig später auch in anderen europäischen Ländern extreme Klipperschiffe gebaut.

Zu den hier für einige Schiffe aufgeführten Maßangaben muß noch gesagt werden, daß es sich stets um englische Fuß und Zoll handelt. Die Länge ist das Maß von Innenkante Vorstevensponung bis Innenkante Hinterstevensponung in der KWL, die Breite das Maß der Außenkante (Mall-

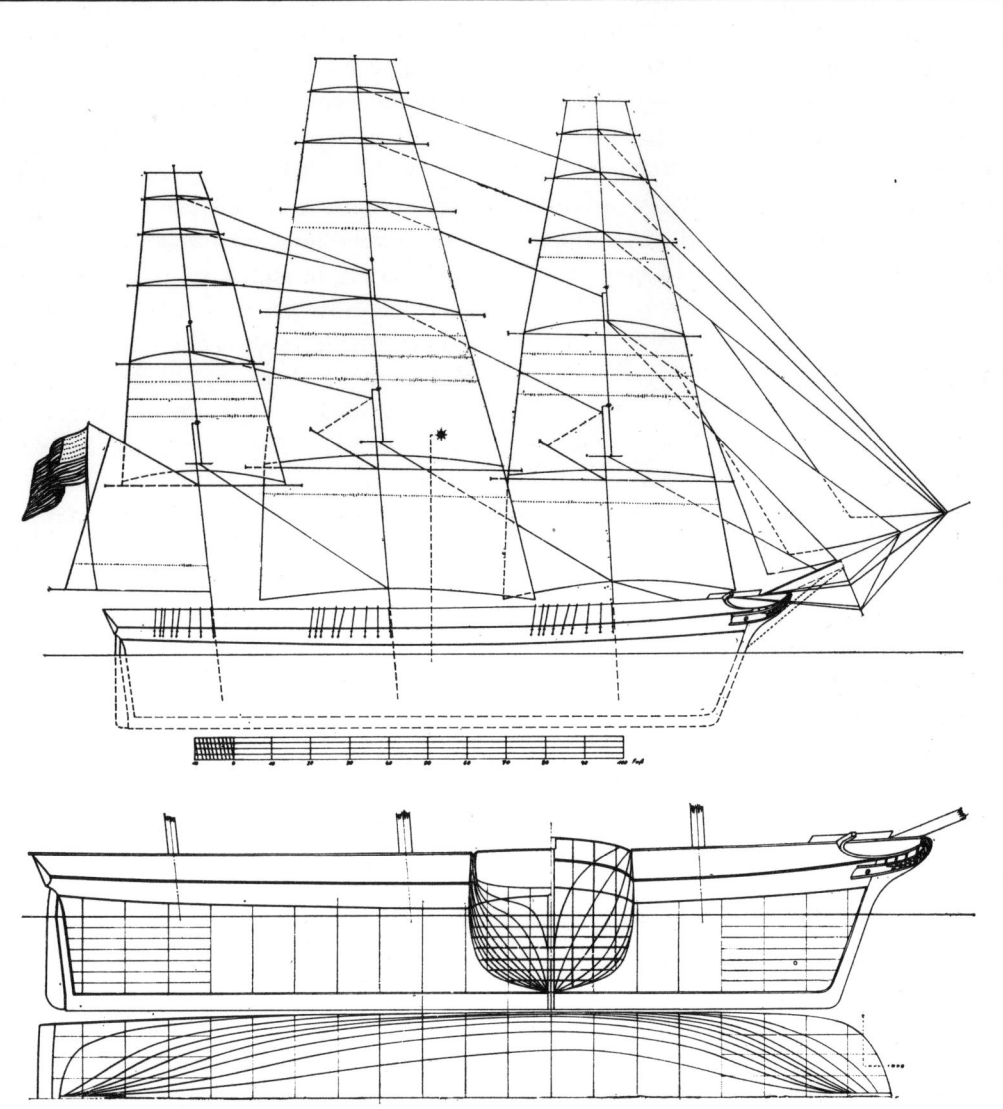

Fig. 1 RAINBOW – Das erste extreme Klipperschiff, erbaut 1843 bis 1845 nach den Plänen
von John W. Griffeth – Länge der KWL 154 Fuß 3 Zoll, Breite 31 Fuß 8 Zoll, Raumtiefe 20 Fuß 1½ Zoll, Tiefgang vorn 17 Fuß 6 Zoll, Tiefgang hinten 18 Fuß, Kiel-
länge 148 Fuß 6 Zoll. Der Segelplan stimmt nicht mit der Beschreibung des Schiffes
überein, nach der das Schiff keine Mondsegel trug, jedoch 3 feste Royals und 3 flie-
gende Skysegel und dazu Leesegel bis zu den Royals hinauf.

kante) des breitesten Spants und die Tiefe das Maß der Raumtiefe von Oberkante Bodenwegerung (innerer Belag auf den Bodenwrangen) bis Unterkante Deck. Der Tiefgang des Schiffes läßt sich danach nur ermitteln, wenn man mit den damals üblichen Berechnungs- und Konstruktionsprinzipien vertraut ist und die Eigenheiten des betreffenden Schiffbauers kennt.

Donald McKay

Wohl der berühmteste Klipperschiffbauer seiner Zeit war Donald McKay. 1810 in Shelbourne (Neuschottland) geboren, war er ein Nachkomme des mächtigen schottischen Clanhäuptlings gleichen Namens, der 1395 in Tain, Grafschaft Ross, in Schottland starb. Im Alter von 16 Jahren ging er nach New York, wo er auf den Schiffswerften von Isaac Webb, Brown & Bell und verschiedenen anderen arbeitete und seinen Beruf erlernte. Dank seiner Fähigkeiten und seiner Energie war er bald Schiffbaumeister, verließ New York wieder und arbeitete bei John Currier in Newburyport. Hier baute er 1840 für Dennis Condry die DELIA WALKER (427 tons).

Condry, der den Bau seines Schiffes durch häufige Besuche auf der Werft überwachte, wurde auf den jungen Schiffbaumeister aufmerksam. Ihn beeindruckten sein Können und die Art, wie er mit den Leuten umging.

Im Jahre 1841 wurde Donald McKay Partner John Curriers und Mitinhaber der Firma Currier & McKay. Man baute die 323 tons große Bark MARY BROUGHTON und im folgenden Jahre die Schiffe COURIER (380 tons) und ASHBURTON (449 tons). Danach wurde die Firma aufgelöst, und die vorhandenen Modelle und Schablonen wurden gleichmäßig geteilt – mit einer Säge!

Das für W. Wolfe & A. Foster jr. in New York gebaute und im Kaffeehandel mit Rio de Janeiro eingesetzte kleine Schiff COURIER war das erste von Donald McKay selbst entworfene Schiff. Es war ein äußerst schneller Segler, der es mit allen damals in Fahrt befindlichen Schiffen aufnehmen konnte und sie auch ausnahmslos alle aussegelte. Niemand wollte damals glauben, daß so ein Schiff an einem anderen Ort als New York oder Baltimore gebaut worden sein könnte.

1843 wurde in Newburyport die Firma McKay & Pickett gegründet und das Schiff ST. GEORGE (845 tons) gebaut und im folgenden Jahre die JOHN R. SKIDDY (930 tons).

Der bekannte Reeder und Kaufmann Enoch Train aus Boston traf 1844 auf einer Europareise mit dem Eigentümer der DELIA WALKER, Dennis Condry, zusammen. Dieser machte Train auf Donald McKay aufmerksam, so daß er ihn nach seiner Rückkehr aufsuchte und bei ihm das Schiff JOSHUA BATES für seine Liverpool Line in Auftrag gab. Bei seinen zur Überwachung des Baues erforderlichen häufigen Besuchen auf der Werft erkannte er die großen Fähigkeiten McKays und bot ihm schließlich finanzielle Unterstützung für die Gründung einer Werft in Boston an. Dadurch war es Donald McKay möglich, im Alter von 34 Jahren seine große Werft am Ende der Border Street in East Boston zu eröffnen.

Von der Gründung 1845 bis zum Jahre 1850 entstanden hier die Paketschiffe WASHINGTON IRVING, ANGLO SAXON, OCEAN MONARCH, ANGLO AMERICAN und DANIEL WEBSTER für Enoch Trains Liverpool Line mit dem großen schwarzen T unter dem untersten Reffband im Vormarssegel und dem Enoch-Train-Signal, der roten Flagge mit dem weißen Karo (white diamond), im Großtopp.

Für die Swallow Tail Line von Grinnell, Minturn & Co. wurden die NEW WORLD und die CORNELIUS GRINNELL, für Zerega

& Co., New York, die A.Z., die L.Z. und die ANTARCTIC, für Fairbank & Wheeler in Boston die JENNY LIND, für George B. Upton, Boston, die PARLIAMENT, PLYMOUTH ROCK, REINDEER und die Bark HELICON, für Wheeler & King, Boston, die MOSES WHEELER und für Edward Lamb & Co., Boston, die Bark SULTANA gebaut.

Diese Schiffe, die in New York, London, Liverpool und den anderen Häfen, die sie anliefen, Bewunderung erregten, begründeten den Ruf Donald McKays als eines der besten Schiffbauer seiner Zeit.

Als 1850 der Bau der Kalifornien-Klipper begann, entstand als erstes extremes Klipperschiff Donald McKays die STAG HOUND. Im Jahre darauf folgten die FLYING CLOUD, FLYING FISH und STAFFORDSHIRE und 1852 die SOVEREIGN OF THE SEAS, BALD EAGLE und WESTWARD HO. 1853 baute er seine beiden letzten Kalifornien-Klipper, die EMPRESS OF THE SEAS und die ROMANCE OF THE SEAS. Die GREAT REPUBLIC und die beiden Mediumklipper (Schiffe mit nicht mehr so extrem scharfen Linien) CHARIOT OF FAME und STAR OF EMPIRE, die im gleichen Jahre entstanden, waren bereits für die Ostasien- und Australienfahrt bestimmt. Die letzten extremen Klipperschiffe Donald McKays waren die LIGHTNING, CHAMPION OF THE SEAS, JAMES BAINES und DONALD MCKAY, die alle 1854 entstanden. Die im gleichen Jahre gebauten Schwesterschiffe JAPAN und COMMODORE PERRY waren schon voller gehalten als die anderen.

Nun folgte eine Reihe Mediumklipper. 1855 entstanden die DEFENDER, AMOS LAWRENCE und ABBOT LAWRENCE und 1856 die MINNEHAHA, BALTIC, ADRIATIC, MASTIFF und die Bark HENRY HILL und 1857 die ALHAMBRA.

Während des Bürgerkrieges von 1861 bis 1865 baute Donald McKay im Auftrag der Regierung der USA das eiserne Kanonenboot ASHWELOT, den gepanzerten Monitor NANSETT, die hölzernen Kanonenboote TREFOIL und YUCCA und die Kriegssloop ADAMS. Nach Kriegsende werden erst 1868 die HELEN MORRIS und die zweite SOVEREIGN OF THE SEAS, beides Mediumklipper, erwähnt, und nach der 1869 gebauten GLORY OF THE SEAS sind anscheinend keine neuen Schiffe, zumindest keine großen Segler mehr von Donald McKay gebaut worden. Amerikanische Quellen verzeichnen nur noch, daß er sich 1877 auf seine Farm in Hamilton, Massachusetts, zurückzog, wo er am 20. September 1880 starb.

Die Kalifornien-Klipper

Vor 1848 war San Francisco ein weltverlorenes Nest. Es diente hauptsächlich als Stützpunkt und Zufluchtshafen für die im Pazifik operierenden amerikanischen Walfänger. Vom 1. April 1847 bis zum 1. April 1848 liefen neun amerikanische Walfänger sowie eine Bark und eine Brigg aus amerikanischen Atlantikhäfen San Francisco an.

Am 19. September des Jahres 1848 veröffentlichte die »Washington Union« eine Meldung folgenden Inhalts: »Wir berichteten kürzlich von der Ankunft des Offiziers Edward Fitzgerald Beales, eines Enkels von Commodore Truxton. Er kam von der Schwadron Commodore Jones' und hat bisher die schnellsten Reisen von der Pazifikküste nach Washington gemacht, die bekannt wurden.

Am 1. August verließ er Commodore Jones in La Paz, reiste über Mazatlan und erreichte am 10. August den Hafen von San Blas. Auf Pferden und Maultieren ritt er nach Mexico City, wo er am 17. eintraf und sich wegen wichtiger Dokumente und Nachrichten 3 Tage bei Mr. Clifford aufhielt. Für die 275 Meilen bis Vera Cruz hatte er nur 48 Stunden benötigt, geschlafen hatte er in dieser Zeit nicht mehr als

10 Minuten. Von Vera Cruz fuhr er nach Mobile, wo er am 14. September eintraf.

Er brachte die Nachricht vom wirklichen El Dorado, den außerordentlich reichen Goldfeldern in Kalifornien. Die Briefe von Commodore Jones und dem Marineagenten von Monterey, Kalifornien, Mr. Larkins, die er überbrachte, bestätigten seine Berichte. Danach brach unter den Bewohnern des Gebietes, den Seeleuten und den dort stationierten Truppen das Goldfieber aus.

So stellten die meisten Walfänger ihre Arbeit ein, und die Kapitäne erlaubten den Mannschaften, in die Goldfelder zu gehen, unter der Bedingung, daß sie das gefundene Gold für 10 $ je Unze an sie, die Kapitäne, verkauften. Beim Wiederverkauf verdienen die Kapitäne dann 6 bis 7 $ je Unze.

Die Städte sind entvölkert, und die Zeitungen stellen ihr Erscheinen ein, weil jedermann nach Gold gräbt.

Eine große Gefahr besteht in Kalifornien in dem Mangel an Lebensmitteln für die Einwohner und die ungeheuren Einwandererströme. Es bleibt zu hoffen, daß unsere Kaufleute die sich hier bietende Gewinnchance wahrnehmen und Lebensmittel nach der Pazifikküste senden.«

Nun setzte erst der richtige »Gold-Rush« ein, und Tausende versuchten so schnell wie möglich nach Kalifornien zu kommen. Weil es aber noch keine Straßen und Eisenbahnen dorthin gab und der Weg durch die Indianergebiete führte, blieb nur die Reise um Kap Hoorn oder über die Landenge von Panama. Allein in der dritten Februarwoche des Jahres 1849 verließen 141 Schiffe die verschiedensten Häfen der Ostküste mit Ziel San Francisco und 37 mit Ziel Chagres auf der Landenge von Panama.

Insgesamt 91 405 Passagiere, von Angehörigen der besten Gesellschaft bis zu lichtscheuem Gesindel war alles dabei, wurden 1849 von der Ostküste nach San Francisco gebracht. Nicht mitgerechnet die Besatzungen der meisten Schiffe, die, Offiziere wie Mannschaften, desertierten, um ebenfalls nach Gold zu graben. In vielen Fällen wurden nicht einmal die Segel geborgen; die meisten der 775 Fahrzeuge, die San Francisco in diesem Jahre erreichten, verließen den Hafen nie wieder. Hunderte wurden später zu Geschäften, Hotels, Krankenhäusern oder auch Gefängnissen umgebaut, doch die meisten verfielen und verrotteten.

Ausgelaufen waren aus den Ostküstenhäfen weit mehr Schiffe, doch viele erreichten niemals ihr Ziel. Sie erreichten manchmal noch irgendeinen Nothafen, aber viele blieben für immer verschollen.

Das erste der wenigen Schiffe, die zurückkehrten, war die SOUTH CAROLINA. Sie war am 24. Januar 1849 von New York nach San Francisco ausgelaufen. Von dort ging sie mit Ballast nach Valparaiso, wo sie eine Ladung Kupfer nach Boston übernahm. Nach 13 Monaten, am 20. Februar 1850, traf sie schließlich in Boston ein.

Der noch nicht nachlassende Passagierandrang nach San Francisco und die hohen Preise, die auf schnellen Schiffen selbst für die miserabelsten Plätze gezahlt wurden, trieben den Bau größerer und schnellerer Schiffe voran. So entstanden 1850 die ersten »Kalifornien-Klipper«.

Bei William H. Webb in New York entstand die CELESTIAL (860 tons) für Bucklin & Crane, New York. Smith & Dimon, New York, bauten die MANDARIN (776 tons) für Goodhue & Co., New York. Bei Samuel Hall in East Boston wurden die SURPRISE (1361 tons) für Daniel C. Bacon, Boston, und die Bark RACE HORSE (512 tons) für Goddard & Co., Boston, gebaut. Paul Curtis in Chelsea baute für S. Rogers & W. D. Pickman in Salem die WITCHCRAFT (1310 tons), R. E. Jackson in East Boston die JOHN BERTRAM (1080 tons) für Glidden & Williams, Boston,

James M. Hood in Somerset die GOVERNOR MORTON (1318 tons) für Handy & Everett, New York, George Raynes in Portsmouth, New Hampshire, die SEA SERPENT (1337 tons) für Grinnell, Minturn & Co., New York, Williams & Son in Williamsburg die ECLIPSE (1223 tons) für T. Wardle & Co., New York, Bell & Co. in Baltimore die SEAMAN (546 tons) für Funck & Meincke, New York, Jacob Bell in Baltimore die WHITE SQUALL (1118 tons) für W. Platt & Son, Philadelphia, und Donald McKay in East Boston die STAG HOUND (1535 tons) für Sampson & Tappen und George B. Upton in Boston.

Die SURPRISE mit ihren 1361 tons hatte eine Länge von 190 Fuß, eine Breite von 39 Fuß und eine Tiefe von 22 Fuß. Die Bodenaufkimmung, das ist der Betrag, um den der Schiffsboden vom Kiel bis zum Anfang der Kimmrundung ansteigt, betrug 30 Zoll, der Großmast (Untermast) war 84 Fuß und die Großrah 78 Fuß lang. Als Galionsfigur trug sie einen vergoldeten fliegenden Adler und als Heckzier das Wappen von New York. Ihre Besatzung bestand aus 4 Offizieren, 1 Steward, 2 Köchen, 1 Segelmacher, 1 Zimmermann, 2 Bootsmännern, 30 Vollmatrosen, 6 Leichtmatrosen und 4 Schiffsjungen, insgesamt also 51 Mann. Das Kommando führte auf der ersten Reise Kapitän Philip Dumaresq. Die STAG HOUND mit 1535 tons maß 215 Fuß in der Länge, 40 Fuß in der Breite und 21 Fuß in der Tiefe. Sie hatte 40 Zoll Bodenaufkimmung, 88 Fuß Großmastlänge und 86 Fuß Großrahlänge. Zu ihrer Besatzung zählten 6 Vollmatrosen mehr, also 57 Mann insgesamt unter dem Kommando von Kapitän Josiah Richardson.

Im folgenden Jahre wurden insgesamt 31 Kalifornien-Klipper gebaut, darunter so bekannte und berühmte wie die FLYING CLOUD, FLYING FISH und STAFFORDSHIRE von Donald McKay, die N. B. PALMER von

Westervelt, die COMET, die SWORD-FISH, die WITCH OF THE WAVE, die INO, die NORTHERN LIGHT, die HURRICANE, die CALLENGE und die TRADE WIND.

Die FLYING CLOUD (1783 tons) war 225 Fuß lang, 40 Fuß 8 Zoll breit, 21 Fuß 6 Zoll tief und hatte 20 Zoll Bodenaufkimmung. Ihr Großmast war 88 Fuß lang und ihre Großrah 82 Fuß. Sie fuhr 3 feste Skysegel, Marssegel mit 4 Reffs und Bramsegel mit 1 Reff und Bowlines an Mars- und Bramsegeln. Üblicherweise wurden damals die Skysegel fliegend gefahren, also ohne Brassen und Toppnanten, zum Bergen wurden sie mitsamt der Rah an Deck gefiert. Die Marssegel hatten bis zu dieser Zeit stets nur 3 Reffs.

Die FLYING FISH (1505 tons) war 198 Fuß 6 Zoll lang, 38 Fuß 2 Zoll breit und 22 Fuß tief. Die Bodenaufkimmung betrug 25 Zoll. Die N. B. PALMER (1490 tons) war in den Ostasiatischen Häfen nur als »the Yacht« bekannt. Sie gilt als das beste bei Westervelt gebaute Schiff. Ihre Länge betrug 214 Fuß, ihre Breite 39 Fuß und ihre Tiefe 22 Fuß.

Die HURRICANE (1607 tons) war wahrscheinlich das schärfste je in New York gebaute Schiff. Sie trug sehr viel Segeltuch und hatte als eins der ersten amerikanischen Schiffe aufrollbare Marssegel System Cunningham. Quer über dem unteren Teil des Vormarssegels war in großen schwarzen Buchstaben ihr Name angebracht, so daß er weiter als alle anderen Signale erkennbar war.

Die CHALLENGE (2006 tons), 230 Fuß 6 Zoll lang, 43 Fuß 6 Zoll breit, 27 Fuß 6 Zoll tief, mit 42 Zoll Bodenaufkimmung, und die TRADE WIND (2030 tons), 248 Fuß lang, 40 Fuß breit, 25 Fuß tief, waren die beiden größten in New York gebauten Klipperschiffe. Sie wurden nur von der 1856 bei William H. Webb gebauten zweiten OCEAN MONARCH, einem Paketschiff mit 2145 tons, übertroffen. Dieses Schiff, ein

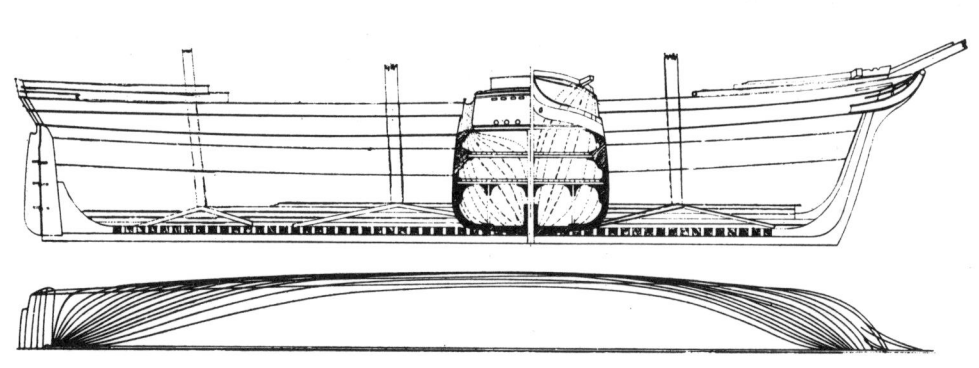

Fig. 2 Längsschnitt, Querschnitt mit Spantandeutungen und Linienriß des Paketschiffes OCEAN MONARCH – 2145 ts – erbaut 1856 von W. H. Webb

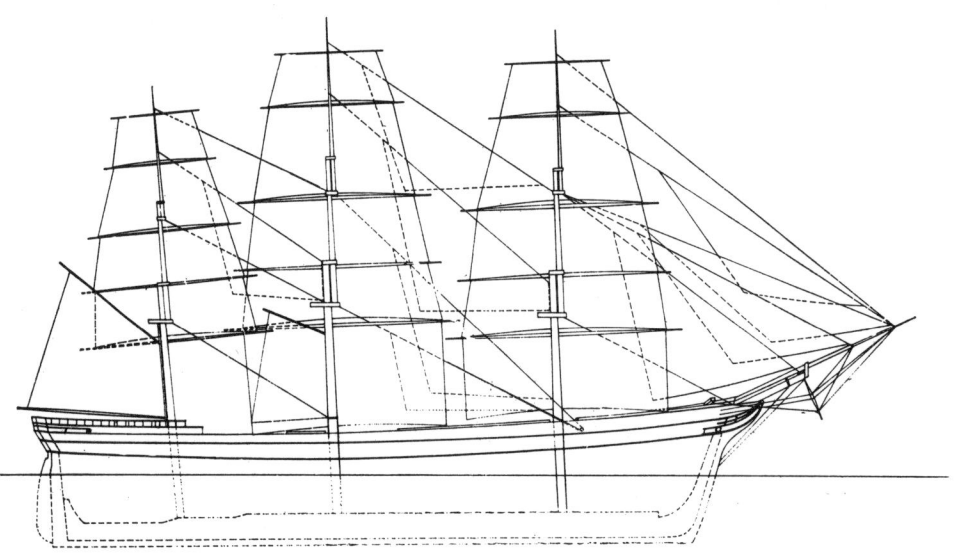

Fig. 3 Paketschiff OCEAN MONARCH von der Stanton's Line New York–Liverpool – Segelplan

Mediumklipper, war der größte in New York gebaute Segler.

Der Großmast der CHALLENGE war 97 Fuß lang, die Großrah 90 Fuß. Das Großsegel-Oberliek war 80 Fuß lang, das Unterliek 100 Fuß, die Seitenlieken 49 Fuß 6 Zoll, und die Mittenhöhe des Großsegels betrug 47 Fuß 3 Zoll. Die unteren Leesegelspieren hatten eine Länge von 60 Fuß, und wenn sie ausgefahren waren, betrug der Abstand von Nock zu Nock 160 Fuß. Die NORTHERN LIGHT (1021 tons) war 180 Fuß lang, 36 Fuß breit und 21 Fuß 6 Zoll tief mit 40 Zoll Bodenaufkimmung. Sie war sehr scharf in der Wasserlinie.

Die WITCH OF THE WAVE (1494 tons) hatte bei 202 Fuß Länge, 40 Fuß Breite und 21 Fuß Tiefe 40 Zoll Bodenaufkimmung und trug einen Großmast von 90 Fuß Länge und eine 81 Fuß lange Großrah.

Einige dieser Schiffe stellten Rekorde auf, die lange Zeit nicht zu brechen waren.

Im Jahre 1852 wurden 33 neue Klipperschiffe für die Kalifornienfahrt gebaut, darunter die SOVEREIGN OF THE SEAS, BALD EAGLE und WESTWARD HO von Donald McKay, die FLYING DUTCHMAN von William H. Webb, die POLYNESIA, JOHN GILPIN, FLYING CHILDERS und WIZARD von Samuel Hall, die GOLDEN CITY, GOLDEN STATE und CONTEST von Jacob A. Westervelt, die MESSENGER von Jacob Bell, die GOLDEN WEST, QUEEN OF THE SEAS, CLEOPATRA und die RADIANT von J. Bell & Paul Curtis, die PHANTOM und die WHIRLWIND von J.O.Curtis, die SIMOON von Jabez Williams, die WINGED RACER von R. E. Jackson und die RED ROVER von Fernald & Pettigrew.

Zweifellos das größte dieser Schiffe war die SOVEREIGN OF THE SEAS mit 2421 tons, 258 Fuß 2 Zoll Länge, 44 Fuß 7 Zoll Breite, 23 Fuß 6 Zoll Tiefe und 20 Zoll Bodenaufkimmung. Die Besatzung bestand aus 4 Offizieren, 2 Bootsmännern, 2 Zimmermännern, 2 Segelmachern, 3 Stewards, 2 Köchen, 80 Matrosen und 10 Schiffsjungen, zusammen also 105 Mann. Das Kommando führte Kapitän Lauchlan McKay, ein Bruder des Erbauers.

Das Jahr 1853 brachte den absoluten Höhepunkt mit 48 Schiffsneubauten für die Kalifornien-Klipperflotte. Unter anderen gehörten dazu die EMPRESS OF THE SEAS und die ROMANCE OF THE SEAS von Donald McKay, die FLY AWAY, SNAP DRAGON und YOUNG AMERICA von William H. Webb, die CATHAY und die SWEEPSTAKES von Jacob A. Westervelt, die zweite ORIENTAL, die AMPHITRITE und die MYSTERY von Samuel Hall, die DAVID CROCKETT von Greenman & Co., die DAVID BROWN von Roosevelt & Joyce, die GUIDING STAR von John Currier, die zweite PANAMA von Thomas Collier, die RED GAUNTLET von J.W.Cox, die JOHN LAND und GOLDEN LIGHT von Briggs Brothers und die MORNING STAR von Toby & Littlefield. 1854 kamen nochmals 20 extreme Klipperschiffe dazu. Es waren die letzten für die Kalifornienfahrt gebauten, und die Namen der bekannten Schiffbauer fehlten schon in der Liste ihrer Erbauer. Die bekanntesten Schiffe dieser Serie waren die CANVASBACK, FLEETWING, GRACE DARLING, HARVEY BIRCH, NABOB, NONPAREIL, OCEAN TELEGRAPH, RATTLER, ROBIN HOOD und SIERRA NEVADA. Ab 1855 wurden dann nur noch Mediumklipper, wie die ANDREW JACKSON, CARRIER DOVE, CHARMER, DARING, HERALD OF THE MORNING, MARY WHITRIDGE, und OCEAN EXPRESS für die Kalifornienfahrt gebaut.

Die China- und Australien-Klipper

Als 1851 in Australien Gold gefunden wurde, geschah hier fast das gleiche wie in Kalifornien. Vorher waren fast nur britische Schiffe nach Australien gekommen, die Auswanderer brachten und hauptsächlich Wolle als Rückfracht nahmen. Diese Schiffe fuhren bei der Ausreise wie bei der Heimreise den Weg um Kap Hoffnung. Die Zahl der Auswanderer lag bei 100 000 im Jahr.

Nach den ersten Goldfunden stieg die Zahl der Auswanderer auf etwa 340 000 im Jahr an. Auch hier desertierten ganze Schiffsbesatzungen, in der Port Phillip Bay lag eine große Anzahl Schiffe fest. An Rückfracht fehlte es nicht, aber an Besatzungen. Das ging so weit, daß 1853 die MEDWAY zunächst nur mit ihren Offizieren und Stewards besetzt war, außer ihnen war kein einziger Mann an Bord zu bekommen. So wurde eine Mannschaft geshanghait, und während sie ihren Rausch ausschlief, hievten die Passagiere die Anker auf, setzten die Segel und brachten das Schiff aus dem Hafen. Zur Ladung des Schiffes gehörten unter anderem auch vier tons Goldstaub, der in Kisten zu je 200 Pfund gepackt und unter den Schlafkojen der Kajütpassagiere versteckt war, um vor dem Zugriff der Mannschaft gesichert zu sein.

Während auf der Kalifornienfahrt nach dem ersten Ansturm viele Passagiere mit Dampfern über Panama reisten und die Post- und Goldtransporte bald denselben, trotz des zweimaligen Umladens und des Landtransports über die Landenge kürzeren und sichereren Weg nahmen, blieb die Australienfahrt noch lange Zeit eine Domäne der Segler. Die machten aber jetzt meist nur noch die Ausreise um Kap Hoffnung, die Rückfahrt wegen der günstigeren Wind- und Strömungsverhältnisse um Kap Hoorn. Die Reisezeiten wurden dadurch erheblich verkürzt.

Als erster Australien-Klipper gilt die 1622 tons große MARCO POLO der Australian Black Ball Line. Sie hatte drei Decks, war 185 Fuß lang, 38 Fuß breit und 30 Fuß

tief. Ihr folgten bald die HIBERNIA (1065 tons), die BEN NEVIS (1420 tons) und die GUIDING STAR (2012 tons), alle noch in Amerika, aber für britische Reeder gebaut. Doch die britischen Schiffbauer begannen nun zu zeigen, daß auch sie etwas vom Bau extremer Klipperschiffe verstanden.

Bei Alexander Hall & Co. in Aberdeen war bereits 1850 das erste extreme britische Klipperschiff, die 506 tons große STORNOWAY für Jardine, Matheson & Co. in London vom Stapel gelaufen, 1851 folgte für Taylor & Potter in Liverpool die 471 tons große CHRYSOLITE. Die STORNOWAY war 157 Fuß 8 Zoll lang, 25 Fuß 8 Zoll breit und 17 Fuß 8 Zoll tief und die CHRYSOLITE 149 Fuß 3 Zoll lang, 29 Fuß breit und 17 Fuß tief. Die amerikanische RACE HORSE (512 tons) war dagegen nur 125 Fuß lang, aber 30 Fuß breit und 16 Fuß tief. STORNOWAY und CHRYSOLITE waren für die Chinafahrt bestimmt. Sie gehörten zu den schärfsten und extremsten Klipperschiffen, die je gebaut wurden, und waren »sehr naß«.

Richard Green in London baute 1852 die CHALLENGER (699 tons) für die China- fahrt. Auch dieses Schiff war mit 174 Fuß Länge, 32 Fuß Breite und 20 Fuß Tiefe sehr extrem.

Von Alexander Hall & Co. folgte 1853 die CAIRNGORM (1250 tons), von John Pile in Sunderland (zwischen 1853 und 1856) die CREST OF THE WAVE, NORMA, FLYING DRAGON, FORMOSA und SPIRIT OF THE AGE und von John Scott & Co. in Greenock das erste eiserne Klipperschiff, die 770 tons große LORD OF THE ISLES, die mit 190 Fuß 9 Zoll Länge, 27 Fuß 8 Zoll Breite und 18 Fuß 5 Zoll Tiefe ebenfalls extrem scharf, sehr rank und sehr »naß« war. Unter den Seeleuten wurde sie deshalb DIVING BELL (Taucherglocke) genannt. Die 1119 tons große VIMIERA, die 547 tons große KATE CARNIE und die ebenfalls eiserne GAUNTLET (784 tons) folgten.

Der größte britische Australien-Klipper dieser Zeit war die 2500 tons große eiserne TAYLEUR, ein Schiff mit drei Decks, 1853 in Liverpool gebaut. Dieses Schiff strandete bei seiner ersten Fahrt, zwei Tage nach dem Auslaufen aus dem Mersey, an der irischen Küste und sank. Dabei konnten von den 652 an Bord befindlichen Passagieren nur 282 gerettet werden.

Außerdem wurden weiterhin amerikanische Klipperschiffe gechartert, wie die BLUE JACKET (1790 tons) und RED JACKET (2006 tons) und der Mediumklipper CHARIOT OF FAME (2050 tons), oder angekauft oder auch direkt bei amerikanischen Werften in Auftrag gegeben, wie die LIGHTNING, CHAMPION OF THE SEAS, JAMES BAINES und DONALD MCKAY.

Die LIGHTNING mit 2084 tons war 244 Fuß lang, 44 Fuß breit und 23 Fuß tief, hatte 20 Zoll Bodenaufkimmung und einen Tiefgang von 22 Fuß. Der Großtopp maß vom Deck bis zum oberen Ende der Skystenge 164 Fuß, die Großrah war 95 Fuß lang und die Leesegelspieren an der Großrah 65 Fuß. Sie hatte ein 90 Fuß langes Quarterdeck und 2 große Deckshäuser.

Die 2515 tons große JAMES BAINES, 266 Fuß lang, 46 Fuß 8 Zoll breit, 31 Fuß tief, mit einer 100 Fuß langen Großrah, trug ursprünglich nur im Großtopp ein Skysegel. Später fuhr sie auch auf dem Vor- und Kreuztopp Skysegel und dazu im Großtopp ein sogenanntes Mondsegel (Moonsail, auch Moonscraper). Dazu kamen dann noch Leesegel bis zu den Skysegeln hinauf. Sie war das einzige Schiff, das je diese Takelage getragen hat. Die Takelung mit drei Mondsegeln ist allerdings auch bei anderen Klippern ausgeführt worden, wie der Segelriß der SEAMAN'S BRIDE zeigt. Sehr häufig waren so überzüchtete Takelungen jedoch nicht, außerdem reichten die Leesegel meist nur bis zu den Royals.

Unter den 1855 gebauten Australien-Klippern sind noch zu nennen die NORFOLK und die LINCOLNSHIRE von Money, Wigram & Sons, die KENT, TRAFALGAR und RENOWN vom R. & H. Green. Keins dieser Schiffe war aber größer als 1500 tons.

Im gleichen Jahre baute Alexander Hall & Co. in Aberdeen für James Baines & Co. die 2600 tons große SCHOMBERG. Ein sehr scharf gebautes Schiff, 262 Fuß lang, 45 Fuß breit und 29 Fuß tief, mit dem der bis dahin von der JAMES BAINES gehaltene Rekord von 63 Tagen für die Fahrt von Liverpool nach Melbourne gebrochen werden sollte.

Am 6. Oktober 1855 verließ die SCHOMBERG Liverpool. Im Kreuztopp flatterte das Signal »60 Tage bis Melbourne«. Doch es kam anders. Bei nur leichter Brise dauerte allein die Fahrt bis zum Äquator 28 Tage, und schließlich trieb das Schiff noch 10 Tage lang in einer totalen Flaute. Nach insgesamt 81 Tagen Fahrt scheiterte die SCHOMBERG 150 Seemeilen westlich von Melbourne an einem nicht in der Karte eingetragenen Riff. Die Passagiere, die Mannschaft und die Post konnten allerdings gerettet werden.

Im Krimkrieg von 1853 bis 1856 war ein Teil der Klipperschiffe als Truppentransporter verwendet worden, ebenso 1857 beim Sepoy-Aufstand in Indien. Als diese Schiffe wieder in die Handelsflotte eingegliedert wurden, entstand durch das Überangebot an Frachtraum eine Krise, mit der ein radikaler Rückgang der Frachtraten verbunden war. Viele Klipperschiffe mit ihren großen Besatzungen wurden unwirtschaftlich und lagen mitunter Wochen und Monate in den Häfen fest. In dieser Situation begannen britische Schiffbauer mit der Entwicklung eines neuen Typs von China-Klippern, den berühmten Teeklippern, die schon nach Gesichtspunkten der Wirtschaftlichkeit konstruiert waren. Sie waren fast alle kleiner als 1000 tons und hatten auch entsprechend kleinere Besatzungen. Die Tonnageangaben sind allerdings etwas un-

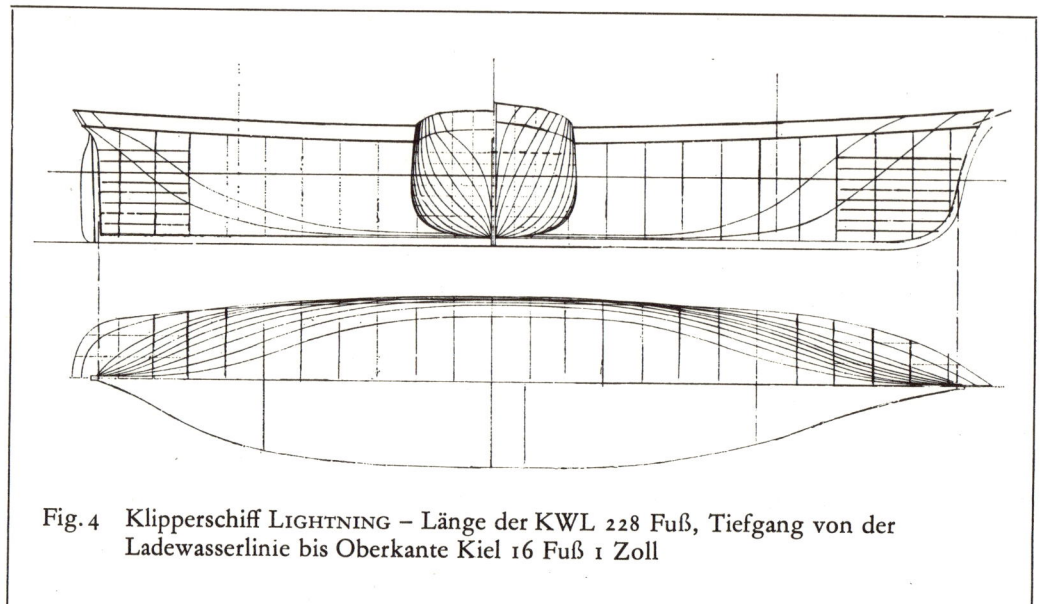

Fig. 4 Klipperschiff LIGHTNING – Länge der KWL 228 Fuß, Tiefgang von der Ladewasserlinie bis Oberkante Kiel 16 Fuß 1 Zoll

durchschaubar, aber die manchmal möglichen Vergleiche mit der tatsächlichen Ladung deuten darauf hin, daß hier wohl meist, wenn auch nicht immer, Registertons zu je 100 Kubikfuß gemeint sind.

Ihr Haupteinsatzgebiet war die Teefahrt von China nach England. Sie fuhren stets 200 bis 300 tons Kiesballast, der schön glatt und eben im Raum lag. Darauf wurden zusammen mit einer großen Menge Stauholz die Teekisten gepackt.

Das erste dieser Schiffe war die 1859 von Robert Steele & Co. in Greenock für Shaw, Maxton & Co. gebaute 937 tons große FALCON, 191 Fuß 4 Zoll lang, 32 Fuß 2 Zoll breit und 20 Fuß 2 Zoll tief.

Chalour & Co. in Liverpool bauten 1860 die FIERY CROSS (888 tons), 1861 folgten die MIN von Robert Steele & Co. und die KELSO von William Pile. 1863 bauten Feel & Co. in Workington die BELTED WILL und Robert Steele & Co. die SERICA.

L. H. Macintyre & Co. in Liverpool hatten bereits 1850 die Kompositbauweise entwickelt und danach den Schoner EXCELSIOR und 1851 die Bark MARION MACINTYRE gebaut. Diese Bauweise wurde nun von den Klipperschiffbauern im holzarmen Großbritannien übernommen. 1863 liefen die vier ersten Komposit-Teeklipper vom Stapel. Es waren die TEAPING von Robert Steele & Co., die ELIZA SHAW von Alexander Stephen und die YANG-TSE und die BLACK PRINCE von Alexander Hall.

Im gleichen Jahr lief bei Jones, Quiggin & Co. in Liverpool einer der größten Teeklipper vom Stapel, die 1200 tons große eiserne SEAFORTH. Sie war der erste Klipperschiff, bei dem die Untermasten, Unterrahen, Marsrahen und das Bugspriet aus Eisen waren. Das stehende Gut aus Stahldrahttauwerk, das man hier einsetzte, war schon nach 1830 vereinzelt und später immer häufiger verwendet worden.

Die Reisen verschiedener Schiffe bis 1851

Vor 1812 dauerten Seereisen meist recht lange. Für die Entfernungen von Kanton bis New York oder von New York bis zur nordamerikanischen Westküste brauchte man meistens 5 bis 6 Monate. Dazu kam die Unregelmäßigkeit der Verbindungen, die durch Warten auf Ladung und günstiges Wetter noch vergrößert wurde. Schnelle Reisen, wie die der Schiffe WILLIAM unter Kapitän Emery, MANDARIN unter Kapitän Nash und ATAHUALPA unter Kapitän Sturgis, die, aus Kanton kommend, ihren Heimathafen Boston gemeinsam am 13. April 1810 nach 128, 129 und 130 Tagen erreichten, waren seltene Ausnahmen.

Zwischen New York und Liverpool schuf die Black Ball Line die erste regelmäßige Verbindung mit relativ kurzen Reisezeiten. In der Chinafahrt änderte sich zunächst nichts. Hier blieben die langen Reisezeiten noch lange die Regel.

Die 1832 gebaute ANN McKIM brachte erstmals eine Verkürzung der Reisezeit um Kap Hoorn an die Westküste Südamerikas. Am 30. August 1833 verließ sie unter Kapitän Walker Baltimore und erreichte nach 89 Tagen, am 3. Dezember, Callao. Am 16. Juni 1834 traf sie wieder in Baltimore ein, nachdem sie die Strecke von Huasco bis Cape Henry in 72 Tagen zurückgelegt hatte. Ihre beste Reise machte sie 1837. Sie schaffte die Strecke Valparaiso–Capes in 59 Tagen. Im folgenden Jahre segelte sie in 60 Tagen von Coquimbo nach Baltimore.

Eine andere überraschend schnelle Reise machte 1839 die AKBAR auf der Strecke New York–Kanton mit 109 Tagen, und 1842 segelte die 620 tons große PAUL JONES in 111 Tagen von Boston nach Hongkong.

Ein damals schon nicht mehr ganz unbekannter Mann, der Kapitän Robert H. Waterman, übernahm 1843 das Kommando auf dem ehemaligen Paketschiff der New Orleans Line, der NATCHEZ. Es war ein recht völlig gehaltenes Schiff und als ausgesprochen langsamer und schwerfälliger Segler bekannt.

Waterman, am 4. März 1808 in New York geboren, hatte 1820, als Zwölfjähriger, seine erste Reise nach China gemacht. Im Laufe der Jahre hatte er sich hochgearbeitet, schließlich fuhr er unter Kapitän Charles H. Marshall als 1. Offizier auf der BRITANNIA, einem Schiff der Black Ball Line, zwischen New York und Liverpool. Er galt als einer der schneidigsten Offiziere dieser Linie und sorgte stets dafür, daß das Schiff in bestmöglichem Zustand war. Auch die Ordnung und Disziplin zwischen Mannschaft und Passagieren, sonst immer eine Quelle von Angst und Sorge für die Kapitäne, verstand er aufrechtzuerhalten. Er wurde mit 25 Jahren Kapitän und machte mehrere Weltumseglungen.

Seine erste Reise mit der NATCHEZ ging um Kap Hoorn an die südamerikanische Westküste und von dort nach Kanton. Die Rückfahrt von Kanton nach New York in nur 94 Tagen erregte einiges Aufsehen, doch es sollte noch besser kommen. 1844 segelte er in 71 Tagen von New York nach Valparaiso, von da in 8 Tagen bis Callao und von Callao nach Hongkong in 54 Tagen. Die Rückreise war jedoch der Höhepunkt: Am 15. Januar 1845 verließ er Kanton, und schon nach 78 Tagen, am 3. April, erreichte er New York. Er hatte dabei Java Head nach 11 Tagen, Kap Hoffnung nach 39 Tagen und den Äquator im Atlantik nach 61 Tagen Fahrt passiert. In den Jahren 1845 und 1846 folgten nochmals eine Reise von New York direkt nach Hongkong in 104 Tagen und die Rückfahrt in 83 Tagen.

Von der RAINBOW, dem ersten extremen Klipperschiff, ist nur die zweite Reise bekannt geworden, auf der sie in 92 Tagen von New York nach Kanton segelte. Die Rückfahrt dauerte nur 88 Tage. Dabei hatten verschiedene Besserwisser einmal prophezeit, dieses Schiff werde niemals segeln, denn es sei ganz verkehrt gebaut.

Die SEA WITCH unter Kapitän Robert H. Waterman und die ORIENTAL unter Kapitän N. B. Palmer ließen als nächste die Welt aufhorchen; den Rekord der SEA WITCH von 1849 auf der Strecke Kanton bis New York mit 74 Tagen und 14 Stunden hat noch kein Segler brechen können.

Die ORIENTAL erzielte einen anderen Rekord. Durch die hohe Frachtrate, die diesem schnellen Segler geboten wurde, erzielte sie auf ihren ersten Reisen einen Reingewinn von etwa 9600 £. Das waren fast 75 % der Baukosten. Überboten wurde dieser Erfolg von der SURPRISE, die auf ihrer ersten Reise 1851 unter Kapitän Philip Dumaresq außer den gesamten Bau- und Ausrüstungskosten und den Unkosten der Reise noch einen zusätzlichen Gewinn von 50000 $ einbrachte.

Die STAG HOUND schließlich war das Schiff mit der kürzesten Bauzeit. Bereits 60 Tage nach der Kielstreckung erfolgte ihr Stapellauf, schon 55 Tage danach ging sie mit voller Ladung in Richtung San Francisco in See.

Mit dem »Gold-Rush« in Kalifornien begann endgültig die Rekordjagd um Kap Hoorn. Hatte 1848 die SEA QUEEN die beste Reise von New York nach San Francisco mit 125 Tagen zu verzeichnen, legte 1850 die aus Gloucester stammende kleine Brigg EAGLE diese Strecke in 106 Tagen zurück. Das war die erste Reise von New York nach San Francisco in weniger als 110 Tagen. Die SAMUEL RUSSELL unter Kapitän Low benötigte 109 Tage. Erstmals weniger als 100 Tage segelte die SEA WITCH; sie brauchte 97 Tage.

1849 lagen die Reisezeiten der meisten Schiffe zwischen 160 und 240 Tagen, Durchschnitt waren 199 Tage. In der Zeit vom 26. bis zum 28. Juli 1850 erreichten 17 Schiffe aus New York mit durchschnittlich 157 Tagen, 16 Schiffe aus Boston mit durchschnittlich 168,5 Tagen und 24 Schiffe aus verschiedenen anderen Häfen der Ostküste mit durchschnittlich 190 Tagen Reisezeit San Francisco.

Die SEAMAN, ein schönes kleines Baltimore-Fahrzeug von 546 tons, traf am 11. März 1851 in San Francisco ein. Sie war 107 Tage unterwegs gewesen. Am 19. März traf nach nur 96 Tagen die SURPRISE ein und am 17. Mai die SEA SERPENT nach 116 Tagen Fahrt.

Die SEA SERPENT hatte vor Kap Hoorn fast die gesamte Takelage verloren und mußte Valparaiso anlaufen, um dort die erforderlichen Reparaturen ausführen zu lassen. Das war der erste einer ganzen Serie von Unfällen, die die Klipperschiffe nun heimsuchte.

Die ECLIPSE, die nach 112 Tagen Fahrt am 20. Mai in San Francisco eintraf, hatte ebenfalls unterwegs einen Teil der Takelage eingebüßt und mußte wegen der erforderlichen Reparaturen Valparaiso anlaufen. Die Reisedauer von New York bis Valparaiso betrug 63 Tage.

Schlimm erging es auch der STAG HOUND, die am 26. Mai, nach 107 Tagen, San Francisco erreichte. Schon 6 Tage nach dem Auslaufen von New York gingen ihr die Großmarsstenge und alle drei Bramstengen über Bord. Neun Tage dauerte es, bis eine neue Marsstenge aufgebracht, eine Marsrah vorgeheißt und ein neues Marssegel untergeschlagen waren, erst nach 12 Tagen war es möglich, wieder Bramsegel zu setzen. Trotzdem dauerte die Fahrt von Sandy Hook bis zum Äquator nur 21 Tage, und Valparaiso wurde nach 66 Tagen erreicht. Kapitän Richardson sagte, die STAG HOUND sei schon bei leichter Brise sehr schnell, bei starkem Wind erreiche sie 16 bis 17 Knoten. Das beste Etmal dieser Fahrt, die innerhalb von 24 Stunden zurückgelegte Entfernung, waren 358 Seemeilen.

Am 11. August traf nach 103 Tagen die WITCHCRAFT ein, die ebenfalls in Valparaiso die Takelage ergänzt hatte, und am 21. August, nach 108 Tagen, langte die N. B. PALMER an. Den Rekord des Jahres und auf dieser Strecke überhaupt erreichte die FLYING CLOUD, die am 31. August, nach insgesamt nur 89 Tagen Fahrt, eintraf. Sie hatte von Sandy Hook bis zum Äquator 21 Tage, vom Äquator bis 50° südlicher Breite 25 Tage, zum Runden von Kap Hoorn von 50° Süd im Atlantik bis 50° Süd im Pazifik 7 Tage, von 50° Süd im Pazifik bis zum Äquator 17 Tage und vom Äquator bis San Francisco 19 Tage benötigt. Ihr bestes Etmal waren 374 Seemeilen.

Die CHALLENGE

Die wahrscheinlich spektakulärste Reise des Jahres 1851 machte Kapitän Robert H. Waterman mit der CHALLENGE in 108 Tagen von New York nach San Francisco.

Die CHALLENGE war zu der Zeit das größte Schiff überhaupt und hatte eine entsprechend große Besatzung. Infolge der großen Zahl von Schiffen, die in diesem Jahre bereits nach San Francisco ausgelaufen waren, herrschte Mangel an Seeleuten. Man bot also jedem, der bereit war anzuheuern, einen Heuervorschuß von drei Monaten und verfuhr im übrigen nach dem alten Grundsatz »Der Galgen und das Meer weisen keinen zurück«. So hatte man zwar eine genügend starke Besatzung zusammengebracht, aber eine größere Horde von verkrachten Existenzen, Gaunern und Banditen ist wohl nie auf einem Schiff zusammengekommen. Nur zwei der 64 Mann, es sollten 56 Matrosen und 8 Jungen sein, waren Amerikaner.

Als das Schiff Sandy Hook passiert hatte und der Lotse von Bord gegangen war, merkte Kapitän Waterman, der das Kommando übernommen hatte, als die Besatzung schon fast vollzählig an Bord war, mit was für Leuten er es hier zu tun hatte. Die meisten waren noch nie zur See gefahren, und die gesamte Mannschaft zeigte sich unwillig und aufsässig. Er erwog zunächst, das Schiff wieder in den Hafen zurückzubringen. Weil er jedoch befürchten mußte, daß man ihm nicht nur den Zeitverlust, sondern auch den finanziellen Verlust, der durch die Zahlung der Heuervorschüsse entstanden wäre, übel anrechnen und daß man von ihm Schadenersatz fordern könnte, entschied er sich, das Schiff auf Kurs zu halten, sich aber in acht zu nehmen. Er ließ also zunächst alle Mann nach achtern rufen und hielt eine kleine Ansprache. Er sagte der Mannschaft, sie sei an Bord eines guten und komfortablen Schiffes, bekomme gut zu essen und habe wenig zu arbeiten. Die Kommandos der Offiziere sollten jedoch schnell und willig ausgeführt werden, und er hoffe, daß niemand Spirituosen und Waffen mit an Bord gebracht habe, weil diese Dinge nur geeignet wären, Unruhen und Tumulte auszulösen. Schließlich verlangte er noch, jeder solle sein Messer auf die Großluke legen, wo dann der Zimmermann die Spitzen der Klingen abbrechen solle.

Das alles dauerte etwa 15 bis 20 Minuten. Währenddessen waren die Offiziere, Bootsmänner, der Segelmacher und der Zimmermann dabei, im Mannschaftslogis alle Kisten und Kasten aufzubrechen und alle Säcke auszuleeren, um Rumflaschen, Totschläger, Schleudern, Buschmesser und Pistolen einzusammeln und über Bord zu werfen. Wie bereits gesagt, war der größte Teil der Besatzung noch nie zur See gefahren. Diese Leute wollten nur auf eine möglichst billige Art nach Kalifornien und in die Goldfelder kommen. Siebzehn Mann waren dienstunfähig. Sie hatten sich eine auf See nur schwer zu behandelnde Krankheit zugezogen. Man brachte sie in die Segelkammer, wo ein Lazarett eingerichtet wurde. (Als das Schiff San Francisco erreichte, waren 8 von ihnen immer noch krank und 5 waren unterwegs gestorben.) Nur sechs Mann waren zu finden, die ein Schiff richtig steuern konnten. Diese wurden zu Quartermastern – Rudergänger im Unteroffiziersrang – ernannt und hatten nur bei Alle-Mann-Manövern in der Takelage zu helfen, wenn sie nicht gerade am Ruder standen.

In den ersten Tagen kamen die Offiziere nur bewaffnet an Deck, doch weil alles ruhig blieb, achtete schließlich keiner mehr sonderlich darauf. Eines Morgens, etwa auf der Höhe von Rio de Janeiro, hörte Kapitän Waterman Hilferufe vom Hauptdeck, während er gerade seine Beobachtungen machte. Er legte den Sextanten weg und lief nach vorn, um zu sehen, was da los war. In der Nähe der Großmastwanten sah er seinen 1. Offizier, der sich, mit dem Rücken zum Schanzkleid stehend, mit bloßen Fäusten gegen vier Mann verteidigte, die mit Messern auf ihn losgingen. Kapitän Waterman stürmte nach vorn, um seinem 1. Offizier zu helfen. Im Laufen griff er sich einen schweren eisernen Belegnagel, den er mit beiden Händen schwang und so als Keule benutzte. Nach mehreren fürchterlichen Hieben lagen die Angreifer am Boden, zwei von ihnen tot.

Douglas, der 1. Offizier, hatte nicht weniger als 12 zum Teil recht gefährliche Wunden. Er war gerade noch so mit dem Leben davongekommen.

Von da an trugen die Offiziere wieder ständig Waffen, und so gab es auch keine Zwischenfälle dieser Art mehr.

Die Leichen der beiden Erschlagenen wurden einfach über Bord geworfen. Kapitän Waterman sagte später, er habe es einfach nicht fertiggebracht, ihnen eine christliche Leichenpredigt zu halten, wie das eigentlich üblich war. Er habe aber der Mannschaft angeboten, die beiden nach vorn zu bringen, Segeltuch, Scheuersteine zum Beschweren und ein Gebetbuch zu holen und die Zeremonie selbst zu vollziehen, doch dazu sei niemand bereit gewesen.

Bei Kap Hoorn fielen in einer Sturmbö drei Mann aus der Takelage. Einer fiel ins Wasser und ertrank, die beiden anderen schlugen auf Deck und waren sofort tot. Sie wurden ordnungsgemäß bestattet.

Mit Ausnahme einiger Sturmböen aus westlichen Richtungen bei Kap Hoorn hatte die CHALLENGE auf der ganzen Reise nur leichte Winde. Trotzdem war es nicht möglich, das Schiff voll auszusegeln. Mit der schlechten und nicht voll einsatzfähigen Mannschaft wäre das zu gefährlich gewesen. So war das beste Etmal 336 Seemeilen bei achterlichem Wind und mit gesetzten Skysegeln.

Daß Kapitän Waterman das Schiff heil und ganz nach San Francisco brachte, muß als ein Wunder angesehen werden.

Kurz nachdem die CHALLENGE in der San Francisco Bay den Anker fallen lassen hatte, stürmte eine Schar »crimps and runners«, Leute, die sich ihr Geld damit verdienten, daß sie die Passagiere und meist auch die Mannschaft mit all ihren Habseligkeiten an Land brachten, an Deck. So etwas passierte jedoch damals täglich, und die Kapitäne und Offiziere waren dagegen machtlos. Ihnen blieb nur übrig, für einen Stundenlohn von 3 bis 5 $ pro Mann eine Hilfsmannschaft anzuwerben, die den Anker wieder aufholte, das Schiff an seinen Liegeplatz am Kai brachte, die Segel barg und das Deck aufklarte.

Diese Leute hatten es aber niemals eilig, sie benötigten meist vier bis fünf Stunden für diese Arbeiten, die eigentlich noch die

Besatzung des Schiffes ausführen müßte.

Ein Teil der weggelaufenen Mannschaft verbreitete an Land Schauergeschichten über die Not und die Entbehrungen, die sie während dieser Reise hatten erleiden müssen. Sie seien fast verhungert, die Toten aus der Mannschaft seien wie tote Ratten über Bord geworfen worden, Kapitän Waterman habe in einer Sturmbö bei Kap Hoorn sechs Mann von der Kreuzmarsrah heruntergeschossen, weil sie ihm nicht schnell genug gewesen seien, er sei ein blutrünstiger Teufel und das Schiff eine schwimmende Hölle, seit Noahs Zeiten habe es so etwas nicht gegeben.

Einige sensationsgierige Journalisten griffen das sofort auf und verbreiteten es weiter. Einige forderten sogar, man solle Kapitän Waterman und seine Offiziere lebendig verbrennen und das Schiff versenken oder zerstören. Eine Bande von Totschlägern, Halsabschneidern, entflohenen Sträflingen und anderem Abschaum der Menschheit griff diesen Gedanken auf und wollte ihn in die Tat umsetzen, doch das eben erst gegründete »Vigilance committee« der Bürgerschaft von San Francisco, eine Art Polizei- und Ordnungsorganisation, und die Feuerwehr verhinderten das, indem sie Kapitän Waterman und seine Offiziere unter ihren Schutz nahmen und rechtzeitig von Bord brachten.

Zwar muß der hier wiedergegebene Bericht Kapitän Watermans, der von seinem Zeitgenossen Kapitän Arthur H. Clark veröffentlicht wurde, nicht hundertprozentig stimmen. War doch damals der Kapitän an Bord seines Schiffes noch »der nächste nach Gott« und die Mannschaft weitgehend rechtlos. Doch die von der Presse verbreiteten Schauergeschichten, die sich zum Teil bis heute behaupten konnten, gründen sich doch wohl im wesentlichen auf Lüge und Verleumdung. Es ist bekannt, daß Kapitän Waterman ein sogenannter »hardcast«, ein »toller Segler«, war: einer von denen, die die Fallen und Schoten mit Vorhängeschlössern anschlossen, wenn sie schlafen gingen, damit niemand ohne ihren ausdrücklichen Befehl Segel bergen konnte. Doch ebenso ist bekannt, daß ein Teil seiner Leute »vor dem Mast« von 1843, als er das Kommando der NATCHEZ übernahm, bis 1849, als er das Kommando der SEA WITCH abgab, mit ihm zusammenblieb. Das war damals eine große Seltenheit und zeigt, daß er nicht schlechter, sondern eher besser war als andere Klipperschiffkapitäne. Man sagte ihm zwar nach, er fahre mehr Segel, als er verantworten könne, doch hat er in den 18 Jahren, die er als Kapitän fuhr, niemals eine Spiere verloren. Dazu brauchte er natürlich eine gute und willige Mannschaft. Unwillige und aufsässige Leute haßte er allerdings und machte ihnen das Leben an Bord zur Hölle, so daß sie froh waren, wenn das Schiff den nächsten Hafen erreichte und sie schnell verschwinden konnten.

Andere Reisen des Jahres 1851

Die bekannteste Wettfahrt des Jahres 1851 trugen die drei Schiffe RAVEN unter Kapitän Henry, TYPHOON unter Kapitän Salter und SEA WITCH unter Kapitän Frazer aus. Die SEA WITCH passierte Sandy Hook am 1. August, die TYPHOON am 4. August und die RAVEN Boston Light am 6. August.

In diesem Monat der schwachen und wechselnden Winde erwartete niemand eine sehr schnelle Reise bis zum Äquator, aber die Schiffe fanden den kürzesten Weg durch den nördlichen Kalmengürtel und liefen rasch mit dem Nordostpassat. Durch die Doldrums drifteten sie ebenfalls erstaunlich schnell. Die SEA WITCH kreuzte den Äquator am 30. August, RAVEN und TYPHOON einen Tag später. Damit hatten die RAVEN 4 Tage und die TYPHOON 2 Tage gegenüber der SEA WITCH aufgeholt. Alle drei wendeten auf der Höhe von Kap St. Roque und liefen durch den Südostpassat und die braven Westwinde weiter nach Süden. Auf 64° westlicher Länge passierten sie den 50. südlichen Breitengrad. Bis dahin hatte die RAVEN einen weiteren Tag aufgeholt und lag nun mit der SEA WITCH gleichauf. TYPHOON folgte noch mit 2 Tagen Rückstand.

Jetzt begann eins der tollsten Rennen um Kap Hoorn, die je ausgetragen wurden. Boote und Reservespieren wurden durch besonders feste Laschungen gesichert und Skylights verschalkt, weil alle Mann in der Takelage benötigt wurden. In schwerem Weststurm wurde 14 Tage und Nächte lang auf den langen, schaumgekrönten Kap-Hoorn-Seen nach Westen gekreuzt. Unaufhörlich folgte Segelmanöver auf Segelmanöver. Jedes der drei Schiffe fuhr stets so viel Segel wie nur irgend möglich, doch keine Spiere ging verloren und kein Tau brach. Die TYPHOON holte dabei nochmals einen Tag auf und lag somit nur noch einen Tag zurück.

Frei vom Kap Hoorn und wieder im Südostpassat, wurden alle Segel gesetzt: Skysegel, Leesegel, Wassersegel, kurzum jeder Fetzen Tuch, den die Schiffe nur tragen konnten. Die SEA WITCH flog förmlich dahin unter dem Druck ihrer Segel. Bis zum Äquator gewann sie gegenüber der RAVEN 2 Tage, gegenüber der TYPHOON sogar 4 Tage Vorsprung. Doch nun begann die TYPHOON die Überlegenheit des größeren Schiffes zu zeigen. Sie war ja 1610 tons groß gegenüber den 890 tons der SEA WITCH und 715 tons der RAVEN. Sie überholte beide und erreichte nach 105 Tagen San Francisco am 18. November. Am 19. November traf die RAVEN nach 106 Tagen und am 20. November, nach 110 Tagen, die SEA WITCH ein.

Dies war das erste Mal, daß die SEA

WITCH von einem kleineren Schiff geschlagen wurde. Dabei muß man jedoch berücksichtigen, daß Kapitän Frazer sie zum ersten Male segelte und daß sie auch schon fünf Jahre alt war. Nach 5 bis 6 Jahren beginnt ein Holzschiff Wasser zu ziehen und wird dadurch bei leichtem Wind langsamer und schwerfälliger.

Den schnellen Reisen der Klipperschiffe steht eine ganze Reihe teilweise recht langer Passagen gegenüber, die von anderen Schiffen gemacht wurden. So brauchten aus Philadelphia die BENGAL 185 Tage, aus Baltimore die INCONIUM 190 Tage, aus New York die ARTHUR 200 Tage, die CORNWALLIS 204 Tage und die HENRY ALLEN 225 Tage und aus Boston die AUSTERLITZ 185 Tage, die BARRINGTON 180 Tage, die FRANCONIA 180 Tage und die CAPITOL sogar 300 Tage.

Wohl das kleinste Schiff, das in diesem Jahr die lange Reise glücklich überstand, war der 84 tons große Lotsenschoner FANNY mit 71 Fuß Länge, 18 Fuß 4 Zoll Breite und 7 Fuß 2 Zoll Tiefe.

Daniel D. Kelly in East Boston hatte das Schiff 1850 gebaut, und Kapitän William Kelly, sein Bruder, führte es. Nach nur 108 Tagen erreichte er am 18. Februar 1851 San Francisco.

Indessen hatte er nicht gewagt, mit dem winzigen Fahrzeug um das gefürchtete Kap Hoorn zu gehen. Er hatte den Weg durch die Magellanstraße genommen. Dieser Seeweg ist um einige hundert Seemeilen kürzer, und außerdem fehlt der ungeheuer schwere Seegang, denn die Windungen der Magellanstraße mit den vielen Inseln und Inselchen brechen die See. Da ein Schoner beim Kreuzen höher am Wind liegen kann, leichter und schneller wendet als ein Rahschiff, bedeutet das einen Gewinn von mehreren Tagen.

Von San Francisco aus gingen die Klipperschiffe meist in Ballast zurück zur Ost-

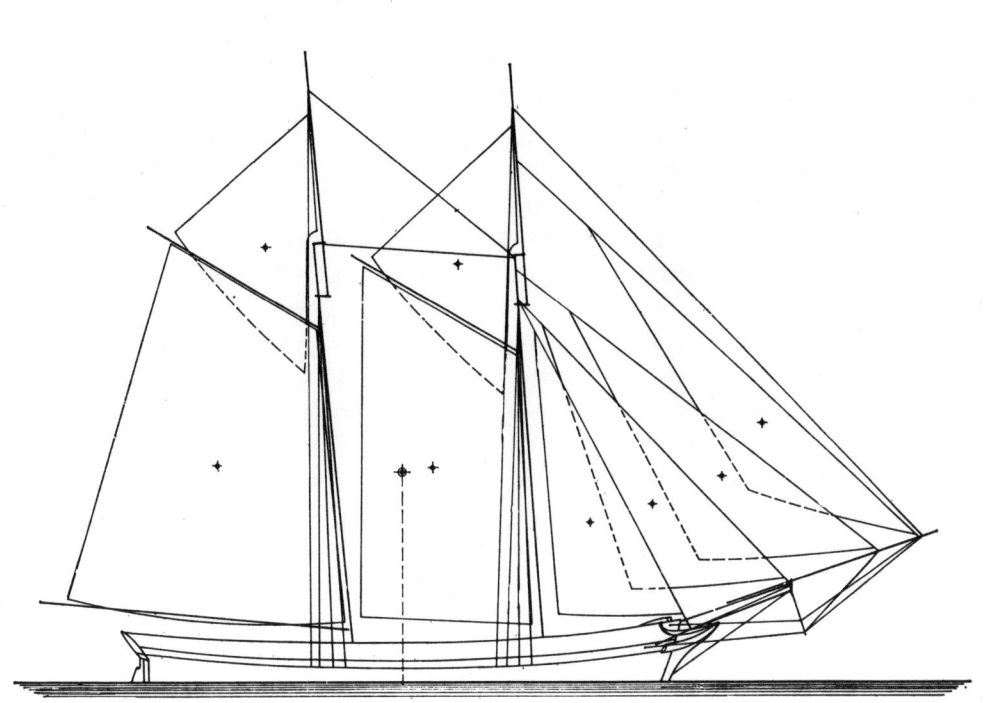

Fig. 5 Segelplan für die Schoner PLANDOME und MANHASSET – 266 ts und 267 ts – erbaut 1854

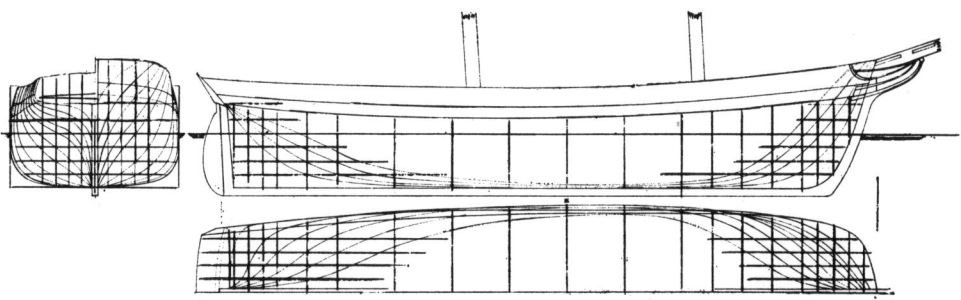

Fig. 6 Längs-, Linien- und Spantenriß der Schoner PLANDOME und MANHASSET – 266 ts und 267 ts – erbaut 1854

küste oder nach China. Manche liefen auch Honolulu als Zwischenstation an. In den chinesischen Häfen wurde Tee oder andere Fracht nach London oder New York geladen. Während andere Schiffe oft wochenlang auf Ladung warteten und sich dann mit Frachtraten von 3 £ 10 sh je ton zu 50 Kubikfuß begnügen mußten, bekamen die schnellen Klipperschiffe meist sofort Ladung zu 6 £ 10 sh je ton zu 40 Kubikfuß.

Wie August Köster berichtet, machte sich ein geschäftstüchtiger Amerikaner diesen Umstand zunutze. Obwohl sich sein Schiff in keiner Weise mit diesen schnellen Seglern messen konnte, bot er dem Kapitän eines dieser Klipperschiffe eine Wette von 500 £ um die schnellere Reise an. Die Wette wurde angenommen, und der Amerikaner sorgte dafür, daß sie auch bekannt wurde. Die Agenten der Handelshäuser nahmen nun an, daß sein Schiff wohl doch ein weit besserer Segler sein müsse, als es den Anschein habe. Sie boten ihm deshalb sofort 2 £ je ton Fracht mehr als zuvor.

Die Rivalen segelten los, etwa zwei Wochen nach dem Klipperschiff erreichte der andere das Ziel. Er bezahlte die verlorene Wette und durfte feststellen, daß er richtig kalkuliert hatte: wegen der höheren Frachtrate hatte er trotzdem etwa 2000 £ zusätzlichen Gewinn zu verbuchen.

Ebenfalls im Jahre 1851 traten die ersten extremen britischen Klipperschiffe auf den Plan. Die gegen Ende des Jahres 1850 vom Stapel gelaufene STORNOWAY unter Kapitän Richard Robinson segelte von den Downs in 80 Tagen bis Java Head, und nach 102 Tagen insgesamt erreichte sie Hongkong. Für die Rückreise von Hongkong nach London brauchte sie 103 Tage. Die CHRYSOLITE segelte in 102 Tagen von Liverpool nach Kanton und in 104 Tagen wieder zurück.

Am 3. Januar 1851 schrieb »Illustrated London News«, CHRYSOLITE und STORNO-WAY hätten die ORIENTAL und die SURPRISE ausgesegelt und die CHRYSOLITE habe außerdem in den Gaspar Straits noch die MEMNON ausgesegelt.

Das Jahr 1852

Als 1852 die Kalifornien-Klipper aus chinesischen Häfen oder aus San Francisco um Kap Hoorn in ihre Heimathäfen zurückkehrten, mußten sie fast alle gründlich überholt werden. Kaum eines der Schiffe trug noch eine vollständige und unbeschädigte Takelage. So kamen die SEA SERPENT, ECLIPSE, STAG HOUND und FLYING CLOUD mit gelaschten Spieren und geflicktem Rigg an. Die WITCHCRAFT hatte auf der Fahrt von San Francisco nach Hongkong in einem Taifun im Chinesischen Meer Groß- und Besanmast mit Rigg und Segeln verloren, und der TORNADO waren auf der Reise von San Francisco nach New York westlich Kap Hoorn der Großmast gesprungen und Bugspriet und Fockmast über Bord gegangen.

Offensichtlich hatte man den gewaltigen Segeldruck unterschätzt und die Takelage nicht stark genug ausgeführt. Man verstärkte also die Spieren und Riggs und versuchte ein Optimum zu finden. So sollte zum Beispiel ein Schiff zwischen 1600 und 2000 tons ein möglichst leichtes, aber stabiles Rigg erhalten, mit dem es in leichter Brise schnell segeln konnte, ohne in einer Bö gleich einen Teil der Takelage zu verlieren.

Eins der größten Rennen des Jahres 1852 lieferten sich die FLYING FISH unter Kapitän Nickels und die SWORD-FISH unter Kapitän Babcock.

Am 11. November 1851 starteten FLYING FISH von Boston und SWORD-FISH von New York. Bis zum Äquator brauchte die FLYING FISH 19 Tage, die SWORD-FISH

23 Tage. Nach weiteren 26 Tagen erreichte die FLYING FISH den 50. südlichen Breitengrad, die SWORD-FISH schaffte es in 22 Tagen. Kap Hoorn wurde von der FLYING FISH in 7 Tagen, von der SWORD-FISH in 8 Tagen gerundet, doch vom 50. Grad südlicher Breite im Pazifik an zeigte sich die SWORD-FISH, die als das schnellste und schönste je von William H. Webb gebaute Schiff gilt, eindeutig überlegen. Sie überquerte den Äquator nach weiteren 19 Tagen und erreichte nach insgesamt 90 Tagen und 16 Stunden am 10. Februar 1852 San Francisco.

Die FLYING FISH brauchte 22 Tage bis zum Äquator und erreichte San Francisco erst am 17. Februar mit einer Gesamtzeit von nicht ganz 98 Tagen.

In diesem Jahre gab es nicht viele Reisen mit weniger als 110 Tagen Dauer. Von New York aus trafen die COMET und die SOVEREIGN OF THE SEAS nach je 102 Tagen und die SEA WITCH nach 108 Tagen ein und aus Boston die STAFFORDSHIRE nach 101 Tagen und die JOHN BERTRAM und die SHOOTING STAR nach je 105 Tagen.

Auch in diesem Jahre segelten viele der Kalifornien-Klipper von San Francisco nach China, um von dort Ladung nach England zu nehmen. Die WITCH OF THE WAVE machte mit 90 Tagen die schnellste Reise von Kanton nach Deal. Ihr folgten mit 105 Tagen die CHALLENGE und mit 106 Tagen die SURPRISE. Die NIGHTINGALE segelte von Shanghai in 110 Tagen nach Deal.

Die britischen Klipperschiffe waren den amerikanischen nun etwa ebenbürtig. So segelte die STORNOWAY 109 Tage von Kanton bis Deal, die CHRYSOLITE 106 Tage von Kanton bis Liverpool und die CHALLENGER 113 Tage von Shanghai nach Deal.

Die schnellste Heimreise, die die CHALLENGER in einem anderen Jahre machte, dauerte 105 Tage.

August Köster berichtet, daß sich dabei die von Shanghai kommende CHALLENGER und die fast dreimal so große CHALLENGE, die aus Kanton kam, in Anjer trafen und gleichzeitig von dort in Richtung England starteten. Es wurden viele Wetten abgeschlossen, man munkelte sogar davon, daß die Reeder selbst die Schiffe gegeneinander gesetzt hätten. Danach sollte das Schiff des Verlierers in den Besitz des Siegers übergehen.

Die CHALLENGER konnte das Rennen mit 2 Tagen Vorsprung für sich entscheiden. Obwohl nie zu ermitteln war, ob das Gerücht von der Wette der Reeder auf Wahrheit beruhte, blieb die CHALLENGE verschwunden, nachdem sie in London ins Dock gebracht worden war.

Erst 14 Jahre später erkannte man in der GOLDEN CITY die ehemalige CHALLENGE und gab ihr den alten Namen zurück. Einige Jahre danach scheiterte sie an der französischen Kanalküste.

Die SOVEREIGN OF THE SEAS

Trotz der vielen Havarien im vorhergehenden Jahre verlor Donald McKay den Mut nicht. 1852 baute er sein bis dahin größtes Schiff, die 2421 tons große SOVEREIGN OF THE SEAS.

Das Schiff war 258 Fuß 2 Zoll lang, 44 Fuß 7 Zoll breit und 23 Fuß 6 Zoll tief und mit 20 Zoll Bodenaufkimmung gebaut. Der gerade Kiel war 214 Fuß 11 Zoll lang.

Die 105 Mann starke Besatzung unter Kapitän Lauchlan McKay bestand aus 4 Offizieren, 2 Bootsmännern, 2 Segelmachern, 2 Zimmermännern, 3 Stewards, 2 Köchen, 80 Matrosen und 10 Schiffsjungen. Eigentümer des Schiffes war die Reederei von Grinnell, Minturn & Co., Heimathafen war New York.

Kapitän Lauchlan McKay, ein Bruder Donald McKay's, war 1811 in Shelburne, Neuschottland, geboren. Wie sein Bruder Donald ging er nach New York und diente gemeinsam mit Isaac Webb auf einem sogenannten »Apprendice-Ship«, einem Kadetten-Schulschiff. Anschließend erhielt er eine Ausbildung als Schiffbauer und fuhr dann 4 Jahre lang auf der U.S.-Fregatte CONSTELLATION als Zimmermann. Im Jahre 1839 veröffentlichte er ein Buch über den Schiffbau. Wenig später gründete er gemeinsam mit seinem Bruder Hugh in Boston eine Werft, auf der hauptsächlich Reparaturen ausgeführt wurden. 1846 wurde hier die Bark ODD FELLOW gebaut, auf der er als Kapitän fuhr, bis er 1848 das Kommando über die JENNY LIND übernahm und schließlich 1852 die SOVEREIGN OF THE SEAS.

Am 4. August 1852 lief die SOVEREIGN OF THE SEAS von New York zu ihrer ersten Fahrt aus. Die Jahreszeit war denkbar ungünstig, und so erwartete wohl niemand eine übermäßig gute Reise. Von Sandy Hook bis zum Äquator brauchte die SOVEREIGN OF THE SEAS jedoch nur 25 Tage. Das war im August noch nie erreicht worden. Vom Äquator bis 50° Süd wurden 23 Tage und zum Runden von Kap Hoorn 9 Tage benötigt.

Nach der recht schnellen und glücklichen Kap-Hoorn-Umrundung gingen in einer Bö die Vor- und Großstengen über Bord, und die Fockrah folgte. Die Reparatur und Vervollständigung der Takelage wurde auf See ausgeführt, während der Kurs beibehalten wurde. Trotz der 14 Tage dauernden Reparaturarbeiten wurde schon nach 29 Tagen der Äquator überquert. Nach 102 Tagen Gesamtreisedauer lief das Schiff in den Hafen von San Francisco ein. Das war die beste Zeit, die jemals in den Monaten von August bis November erreicht wurde. Man hat errechnet, daß die SOVEREIGN OF THE SEAS sogar nur etwa 93 Tage gebraucht

hätte, wenn sie nicht die Stengen verloren hätte.

Die Ladung von insgesamt 2950 tons bestand hauptsächlich aus Mehl, das in San Francisco für 44 $ je Barrel (1 Barrel sind etwa 158,8 l) verkauft wurde. Die Frachtrate betrug 84 $ je ton zu 40 Kubikfuß.

Von San Francisco aus versegelte die SOVEREIGN OF THE SEAS nach Honolulu, um Spermöl zu laden. Am 13. Februar 1853 ging sie dann wieder in Richtung New York in See.

Bei leichten und veränderlichen Winden erzielte sie zunächst Etmale zwischen 89 und 302 Seemeilen und passierte nach 8 Tagen den Äquator. Am 27. Februar wurde sie bei den Samoa-Inseln gesichtet, was R. L. Stevenson, der sich dort aufhielt, dazu angeregt haben soll, das Schiff in seiner Dichtung unsterblich zu machen.

Am 4. März sprang die Vormarsstenge, die Reparatur dauerte bis zum 6. März. Bis zum 15. März geschah dann nichts Bemerkenswertes, weil Kapitän Lauchlan McKay, der nur geringe Erfahrungen in diesen Gewässern hatte, mit größerer Vorsicht segelte. Doch als die SOVEREIGN OF THE SEAS die Breiten der braven Westwinde erreichte, begann eine Reihe unwahrscheinlicher Etmale.

Am Mittag des 16. März waren gegenüber der Position vom Mittag des Vortages 396 Seemeilen zurückgelegt. Am 17. waren es 311, am 18. sogar 411 und am 19. nochmals 360 Seemeilen. Das waren 1478 Seemeilen in 4 Tagen! Die errechnete Durchschnittsgeschwindigkeit für diese 4 Tage sind 15,5 Knoten und das durchschnittliche Etmal 378 Seemeilen. Die durchsegelte Längendifferenz betrug 34° 43' ostwärts. Insgesamt wurden in den 11 Tagen vom 10. bis zum 21. März 3562 Seemeilen bei einer Längendifferenz von 82° 24' ostwärts zurückgelegt. Die Durchschnittsgeschwindigkeit für diese Zeit betrug 13,75 Knoten, das durchschnittliche Etmal 330 Seemeilen.

Während des größten Etmals am 18. März wurden 10° 30′ Länge ostwärts durchlaufen, wodurch sich der Seetag auf 23 Stunden 18 Minuten verkürzte. Das entspricht einer Durchschnittsgeschwindigkeit von 17,64 Knoten und 423,36 Seemeilen als mögliches Etmal. Das Logbuch zeigt für diesen Tag die Eintragung »Harte nordwestliche Brise und rauhe See«.

Da ein Segler unmöglich über 24 Stunden hinweg eine völlig gleichbleibende Geschwindigkeit halten kann, ist anzunehmen, daß die tatsächliche Geschwindigkeit von zeitweise nur 15 oder 16 Knoten bis zu einem Maximum von 19 oder gar 20 Knoten schwankte.

Nach dem Runden von Kap Hoorn waren wieder leichte und veränderliche Winde zu verzeichnen, das beste Etmal waren 286 Seemeilen. Am 6. Mai, 82 Tage nach dem Auslaufen von Honolulu, wurde Sandy Hook erreicht.

Die SOVEREIGN OF THE SEAS war also eins der größten und schnellsten extremen Klipperschiffe und wohl auch eins der schönsten, weil es ihrem Erbauer Donald McKay gelungen war, dem Schiff trotz seiner Größe das graziöse Aussehen der kleineren Klipperschiffe zu geben. Sie hatte von allen bei Donald McKay gebauten Schiffen die längsten und schärfsten Enden.

Die nächste Reise der SOVEREIGN OF THE SEAS ging von New York nach Liverpool. Am 18. Juni 1853 um 18^{30} Uhr wurde Sandy Hook passiert, am 24. um 6^{00} Uhr Kap Race in Neufundland gesichtet und am 30. um 6^{00} Uhr Clear in Irland passiert. Am 2. Juli um 14^{00} Uhr kam der Lotse an Bord, und um 22^{30} Uhr fielen die Anker im Mersey. Das waren 13 Tage 22 Stunden und 50 Minuten vom Dock bis zum Ankern, ein Rekord für den Monat Juni.

Die besten Etmale dieser Reise waren 344 Seemeilen am 28. Juni unter einfach gereeften Marssegeln beim Winde und 340 Seemeilen am 30. Juni mit Skysegeln und Leesegeln bis zu den Royals.

Ebenfalls am 18. Juni 1853 verließ der Dampfer CANADA der Cunard Line Boston. Ein damals veröffentlichter Vergleich der Logbücher weist aus, daß die SOVEREIGN OF THE SEAS den Dampfer in den 5 Tagen vom 25. bis zum 30. Juni um 325 Seemeilen schlug. Das beste Etmal der CANADA auf dieser Reise waren 306 Seemeilen. Donald McKay, der auf dieser Reise an Bord der SOVEREIGN OF THE SEAS war, soll gesagt haben: »Das ist ein gutes und schnelles Schiff, aber ich denke, ich kann ein noch schnelleres bauen.«

In Liverpool erregte die SOVEREIGN OF THE SEAS großes Aufsehen. Die 1851 gegründete Australien Black Ball Line charterte sie für Ladung nach Australien. Das Kommando übernahm Kapitän Warner, der allerdings noch keine Erfahrungen mit den amerikanischen Klipperschiffen hatte.

Am 7. September 1853 verließ die SOVEREIGN OF THE SEAS Liverpool mit Kurs auf Melbourne, wo sie nach 77 Tagen, am 23. November, eintraf.

Eine Zeitung veröffentlichte folgenden Bericht Kapitän Warners: »Ich kam hierher nach einer langen und schwierigen Passage von 77 Tagen. Den größten Teil der Reise hatte ich leichte und widrige Winde. Nur zwei gute Segelperioden boten sich. Einmal lief das Schiff in vier aufeinanderfolgenden Tagen 1275 Seemeilen und beim nächsten Mal 3375 Seemeilen in 12 Tagen. Bis zum Äquator brauchte ich 31 Tage und kreuzte ihn bei 26° 30′ West. Bei 53° 30′ Süd wendete ich, fand aber keine kräftigen Winde. Ich denke, ich hätte auf 58° Süd gehen müssen, um genug Wind zu bekommen, aber dazu war die Mannschaft zu unzureichend gekleidet, und außerdem war die Hälfte der Leute einschließlich des 1. Offiziers krank.

Beim Verlassen Liverpools wurden die

Skysegel gesetzt, und 35 Tage lang blieben sie stehen. Insgesamt fuhr ich die Skysegel 65 Tage lang.

Auf jeden Fall haben wir alle Schiffe geschlagen, die auf unserer Fahrt mit uns segelten, darunter auch den berühmten englischen Klipper GAUNTLET um 10 Tage.«

Die Rückreise mit einer Ladung Post und 4 tons Goldstaub im Tresor dauerte nur 68 Tage. Auf dieser Reise brach unter der Mannschaft eine Meuterei aus, bei der das Schiff von den Meuterern besetzt und der Tresor geplündert werden sollte. Es gelang Kapitän Warner jedoch, die Meuterei zu unterdrücken und die Meuterer in Eisen zu legen.

Nach dieser Reise wurde die SOVEREIGN OF THE SEAS an das Handelshaus Joh. César Godeffroy & Sohn in Hamburg verkauft. Weil es jedoch unter den damaligen Fahrwasserverhältnissen nicht möglich war, das Schiff die Elbe hinauf nach Hamburg zu bringen, trat es unter dem Kommando von Kapitän Müller seine erste Reise unter hamburgischer Flagge nach Sydney von London aus an. Diese Reise dauerte 84 Tage.

Im Jahre 1857 wurde das Schiff wieder verkauft. Am 6. August 1859 scheiterte es bei der Pyramide-Sandbank in der Straße von Malacca.

Bemerkenswerte Reisen 1853

Das Jahr 1853 brachte in der Kalifornienfahrt keine neuen Rekorde. Nur die Schiffe FLYING FISH und JOHN GILPIN lieferten sich ein gutes und spannendes Rennen, und sie erzielten auch die kürzesten Reisezeiten des Jahres.

Die FLYING FISH passierte Sandy Hook am 29. Oktober, und am 1. November folgte ihr die JOHN GILPIN. Bis zum Äquator brauchte die FLYING FISH 21 Tage, die JOHN GILPIN 24 Tage. Von da an bis zum 50. Grad

südlicher Breite holte die JOHN GILPIN jedoch auf, so daß sie nach 23 Tagen vom Äquator aus, beziehungsweise nach 47 Tagen insgesamt, diesen Breitengrad erreichte. Die FLYING FISH hatte vom Äquator aus 27 Tage, von Sandy Hook aus 48 Tage für diese Strecke gebraucht, so daß nun beide Schiffe fast gleichzeitig zum Runden von Kap Hoorn ansetzten. Während die FLYING FISH dazu nur 7 Tage benötigte, nach weiteren 19 Tagen den Äquator kreuzte und nochmals 18 Tage danach San Francisco in insgesamt 92 Tagen erreichte, rundete die JOHN GILPIN Kap Hoorn in 11 Tagen, brauchte 20 Tage bis zum Äquator und nochmals 15 Tage bis San Francisco, insgesamt also 93 Tage.

Das dritte Schiff mit weniger als 100 Tagen war in diesem Jahre die CONTEST, die 97 Tage fuhr. Die ORIENTAL erreichte San Francisco nach genau 100 Tagen, die TRADE WIND nach 102 Tagen, die WESTWARD HO nach 103 Tagen und die PHANTOM nach 104 Tagen. Die SWORD-FISH, die HORNET und die FLYING CLOUD segelten je 105 Tage, die SEA SERPENT 107 Tage und die COMET 112 Tage.

Obwohl auf den Tiefwasserseglern normalerweise keine Frauen geduldet wurden – es hieß: »Weiber und Pfaffen an Bord bringen Unglück über das Schiff« –, nahmen doch viele Kapitäne ihre Frauen mit auf die Reise. Das fand man in Ordnung, und die Besatzungen, die zumindest widerspenstig geworden wären, vielleicht sogar gemeutert hätten, wenn andere Frauen an Bord gewesen wären, hatten dagegen meist auch nichts einzuwenden. Vielleicht betrachteten sie die Frauen der Kapitäne als eine Art Passagiere. Bei Fahrten mit Passagieren waren ja auch Frauen und sogar Geistliche, also Pfaffen, an Bord, und die Frau des Kapitäns hatte mit dem Schiff und seiner Führung nichts zu tun und mit der Mannschaft fast gar keinen Kontakt.

Aber es gab Ausnahmen, und eine der bekanntesten soll hier geschildert werden.

Das Klipperschiff NEPTUNE'S CAR unter dem Kommando des Kapitäns Patten lag mit Kurs San Francisco bei Kap Hoorn, als der Kapitän erkrankte und, unfähig, das Schiff weiter zu führen, in der Koje lag. Der 1. Steuermann war in seiner Kammer wegen angeblicher Insubordination. Manche Quellen geben an, er habe sogar in Ketten gelegen. Der 2. Steuermann konnte das Schiff nicht führen; er verstand nichts von Navigation!

In dieser heiklen Situation übernahm Mrs. Patten, die Frau des Kapitäns, das Kommando. Einer Abordnung der Mannschaft, die verlangte, sie solle das Schiff in den nächsten Hafen bringen oder sofort das Kommando abgeben, soll sie entgegnet haben: »Nicht, solange der Kapitän lebt.« Sie führte das Schiff sicher nach San Francisco und machte eine gute Reise.

Mrs. Patten war zu dieser Zeit 19 Jahre alt. Mit 16 hatte sie geheiratet und auf den gemeinsamen Reisen von ihrem Mann die Kunst der Navigation erlernt.

Die schnellsten Heimreisen machten die NORTHERN LIGHT in 76 Tagen und 5 Stunden von San Francisco bis Boston Light und die CONTEST in 80 Tagen von San Francisco bis Sandy Hook.

In der Australienfahrt segelte die LORD OF THE ISLES in 70 Tagen vom Clyde nach Sydney und die NIGHTINGALE in der Chinafahrt von Portsmouth nach Shanghai in 106 Tagen, wobei sie gegen den Nordostmonsun aufkreuzen mußte.

In diesem Jahre brachten etliche Kalifornien-Klipper auf ihren Heimreisen über China direkt Fracht nach New York. Sie segelten alle recht gute Zeiten, doch keiner vermochte die Rekorde zu brechen, die Kapitän Waterman auf dieser Strecke aufgestellt hatte. Die 1845 mit der NATCHEZ ersegelten 78 Tage und der 1848 mit der

SEA WITCH aufgestellte Rekord von 74 Tagen sind bis heute von keinem anderen Segler erreicht worden.

Die Bestzeiten von 1853 auf der Strecke China–New York brachten die SWORD-FISH mit 80 Tagen und die N. B. PALMER mit 84 Tagen. Die SEA SERPENT segelte 88 Tage und die MANDARIN 89 Tage. Die FLYING CLOUD benötigte 94 Tage und die VANCOUVER 96 Tage. Die COMET, die PANAMA und die HURRICANE waren je 99 Tage unterwegs.

Von 1853 an machte die SURPRISE unter den Kapitänen Charles Ranlett Vater und Sohn 11 aufeinanderfolgende Reisen von China nach New York, von denen die beste 81 Tage und die schlechteste 89 Tage dauerte. Die drei besten Reisen der STAG HOUND auf dieser Strecke dauerten 85 Tage, 91 Tage und 92 Tage, und die FLYING CLOUD erreichte außer den bereits genannten 94 Tagen noch einmal 96 Tage.

Die GREAT REPUBLIC und die YOUNG AMERICA

1853 baute Donald McKay das Schiff, das die SOVEREIGN OF THE SEAS schlagen sollte, die 4555 tons große GREAT REPUBLIC. Sie war 335 Fuß lang, 53 Fuß breit und 38 Fuß tief und hatte 4 Decks. Das oberste Deck war ein sogenanntes Spardeck und völlig glatt.

Sie war als Viermastbark getakelt und hatte wegen der ungeheuren Größe der Segel als erstes Schiff doppelte Marssegel. Zum Vorheißen der riesigen Rahen und zur Betätigung der Pumpen stand, ebenfalls erstmalig, eine Dampfmaschine von 15 HP (horse power; 1 HP sind etwa 1,014 PS) in einem der Deckshäuser.

Am 4. Oktober 1853 lief die GREAT REPUBLIC vom Stapel. Als sie fertig getakelt und ausgerüstet war, übernahm Lauchlan

McKay das Kommando. Sie wurde im Schlepp des Dampfers R. B. FORBES nach New York gebracht und an die Auftraggeber Grinnell, Minturn & Co. übergeben. Im East River, am Ende der Dover Street, war ihr Liegeplatz, wo sie mit Fracht für Liverpool beladen wurde. Man erwartete eine neue Rekordreise.

Als bereits alle Segel untergeschlagen und das Schiff fast seefertig war, brach in der Nacht zum 26. Dezember 1853 in der Front Street, nur einen Häuserblock vom Liegeplatz des Schiffes entfernt, ein Feuer aus. Der Wind wehte von dort genau auf das Schiff zu. Kurz nach Mitternacht weckte die Wache den 2. Offizier, weil Funken direkt auf das Schiff fielen. Sofort wurden alle Mann an Deck geholt und mit Wassereimern an den verschiedensten Stellen postiert. Außerdem wurden Leute in die Masten geschickt und leichte Takel aufgebracht, um auch da hinauf Wasser bringen zu können.

Kurze Zeit später ging das Focksegel in Flammen auf und auch Mars- und Bramsegel fingen Feuer. Der Versuch, die Segel von den Rahen loszuschneiden, scheiterte, weil die Leute vom Qualm zurückgetrieben wurden. Die Feuerwehr, die jetzt endlich mit der Spritze eintraf, weigerte sich, das Schiff zu betreten oder auch nur in seine Nähe zu kommen. Man hatte Angst vor herabfallenden Blöcken und brennendem Takelwerk.

Kapitän McKay beriet sich schnell mit Kapitän Ellis, der die Versicherung vertrat, und sie kamen zu dem Schluß, daß es das beste wäre, die Masten zu kappen, um wenigstens Rumpf und Ladung zu retten. Man begann mit dem Fockmast, der auch bald über Bord ging, doch die Marsstenge brach, kam fast senkrecht herunter und durchschlug drei Decks. Groß- und Kreuzmast folgten und zerschlugen im Fallen Boote und Deckshäuser und beschädigten die

Dampfmaschine. In dem dadurch an Deck entstandenen furchtbaren Durcheinander aus brennenden Rahen, Masten, Segeln und Tauwerk begann nun auch die Feuerwehr mit den Löscharbeiten, und gegen Morgen hatte sie das Feuer an Deck gelöscht.

Als die Feuerwehr sich zurückgezogen hatte und man Rumpf und Ladung schon gerettet glaubte, quoll plötzlich Rauch aus dem Raum. Die Vorstenge hatte beim Durchschlagen der Decks einen Teil der Ladung in Brand gesteckt, und das Feuer hatte sich unkontrolliert und unbeobachtet weitergefressen. Man bohrte das Schiff nun an drei Stellen an, so daß es 10 Fuß tief auf den Grund sank. Das Feuer war aber damit noch längst nicht gelöscht. Es brannte noch zwei Tage weiter, und die Flammen schlugen bis über die Wasserfläche hoch.

Als das Feuer sich endlich ausgetobt hatte, wurde ein Schutzdamm errichtet und mit Dampfpumpen das Wasser abgepumpt. Dabei zeigte sich, daß ein Teil der Getreideladung so stark gequollen war, daß sie die Knie und Decksbalken des unteren Decks losgerissen hatte, und auch an anderen Stellen war der Rumpf beschädigt. Die Versicherungsfirma gab das Schiff daraufhin auf.

Auch die Schiffe JOSEPH WALKER und WHITE SQUALL wurden bei diesem Brande vernichtet.

Das Wrack der GREAT REPUBLIC wurde verkauft und zur Wiederherstellung auf eine Werft gebracht. Die Wiederherstellung dauerte länger als ein Jahr, und das Schiff wurde dabei stark verändert. Zwar blieb der Rumpf fast unverändert, auch der Freibord blieb etwa gleich, aber die Vermessung ergab nur noch 3357 tons. Die viermastige Takelage wurde beibehalten, aber Masten, Rahen und Segel wurden verkleinert. Trotzdem war die GREAT REPUBLIC noch immer das größte Schiff dieser Zeit.

Durch die Verkleinerung der Takelage

konnte auch die Mannschaft von ursprünglich 50 Matrosen und 50 Leichtmatrosen und Schiffsjungen auf etwa die Hälfte verringert werden. Da die Frachtraten zu dieser Zeit schon zurückgingen, wirkte sich das günstig auf die Wirtschaftlichkeit des Schiffes aus. Zum Rekordsegler, der es eigentlich hatte werden sollen, war das Schiff nun allerdings nicht mehr geeignet.

Am 21. Februar 1855 lief die GREAT REPUBLIC unter dem Kommando von Kapitän Limeburner endlich aus. Von Sandy Hook bis Lands End segelte sie 13 Tage und 3 weitere Tage bis London. Dort mußte sie in der Themse liegen bleiben, weil kein Dock groß genug war, sie aufzunehmen.

Danach wurde sie während des Krimkrieges von der französischen Regierung als Truppentransporter gechartert und brachte 1600 britische Soldaten von Liverpool nach Marseille. Im amerikanischen Bürgerkrieg segelte sie als Truppentransporter für die Regierung der Vereinigten Staaten.

Im Jahre 1857 machte die GREAT REPUBLIC unter dem Kommando Kapitän Limeburners eine Reise von New York nach San Francisco. Unter der etwa 50 Mann starken Besatzung befanden sich nur 15 oder 20 gute Seeleute, der Rest war ähnliches Gesindel wie seinerzeit auf der CHALLENGE. Auch hier kamen Kapitän und Offiziere nur bewaffnet an Deck, doch zu größeren Zwischenfällen kam es nicht.

Von Sandy Hook bis zum Äquator brauchte die GREAT REPUBLIC nur 16 Tage, weitere 25 Tage bis zum 50. Breitengrad. Kap Hoorn wurde in 9 Tagen und mit gesetzten Skysegeln gerundet. Bis zum Äquator vergingen wiederum 23 Tage, und nochmals 19 Tage später, also nach 92 Tagen insgesamt, erreichte sie San Francisco.

Auf einer späteren Reise unter Kapitän Josiah Paul erreichte sie mit 413 Seemeilen ihr bestes Etmal. 1872, sie trug nun den

Namen DENMARK, sank sie in einem Hurrikan bei den Bermudas.

Der Brand der GREAT REPUBLIC war für Donald McKay ein schwerer Schlag, von dem er sich nie ganz erholte. Trotzdem waren einige seiner späteren Australien-Klipper besser als seine früheren Schiffe.

1853 baute auch William H. Webb sein letztes extremes Klipperschiff, die 1962 tons große YOUNG AMERICA: 236 Fuß 6 Zoll lang, 42 Fuß breit und 28 Fuß 6 Zoll tief. Dieses Schiff machte Reisen von New York nach San Francisco in 103, 107, 110, 112, 116 und 117 Tagen, Heimreisen von San Francisco nach New York in 83, 85, 92, 101 und 103 Tagen, Reisen von San Francisco nach Liverpool in 103 und 106 Tagen und von Liverpool nach San Francisco in 99, 111 und 117 Tagen.

Nach 30 Jahren Kalifornienfahrt und mehr als 50 Kap-Hoorn-Umrundungen wurde sie nach Österreich verkauft. 1888 sank sie unter dem Namen MIROSLAV auf einer Fahrt von Philadelphia nach Europa mit der gesamten Besatzung.

Die Entwicklung von 1854 bis 1860

Obwohl auch in dieser Zeit noch eine Reihe beachtlich schneller Reisen nach San Francisco gemacht wurden, ging die Kalifornienfahrt doch allmählich zurück. Die Fahrten nach England und von dort nach Australien traten mehr und mehr in den Vordergrund.

Hervorragende Leistungen des Jahres 1854 waren die Fahrten der Schiffe FLYING CLOUD zum zweiten Male in 89 Tagen, ROMANCE OF THE SEAS in 96 Tagen, WITCHCRAFT in 97 Tagen, DAVID BROWN in 98 Tagen und HURRICANE in 99 Tagen von New York nach San Francisco.

Die Schiffe RED JACKET und LIGHTNING lieferten sich ein hartes Rennen über den Atlantik. Etwa gleichzeitig starteten die

RED JACKET von New York und die LIGHT-NING von Boston nach Liverpool. Die RED JACKET schaffte es in 13 Tagen und 1 Stunde von Sandy Hook bis Rock Light, die LIGHT-NING brauchte von Boston Light bis Rock Light 13 Tage, 19 Stunden und 30 Minuten. Das beste Etmal der RED JACKET waren 413 Seemeilen, das der LIGHTNING sogar 436 Seemeilen. Das ist das größte je von einem Segler erreichte Etmal. Die Durchschnittsgeschwindigkeit des Schiffes betrug dabei 18,5 Knoten.

Noch schneller auf der Gesamtdistanz war die JAMES BAINES. Sie segelte von Boston Light bis Rock Light in 12 Tagen und 6 Stunden.

Auch in der Australienfahrt zeigten amerikanische Schiffe die besten Leistungen. Auf der Strecke von Liverpool nach Melbourne war in diesem Jahre die von Donald McKay gebaute JAMES BAINES mit 63 Tagen Reisezeit das schnellste Schiff. Ihr bestes Etmal waren dabei 420 Seemeilen. Die CHARIOT OF FAME benötigte 66 Tage, die BLUE JACKET 67 Tage, die CHAMPION OF THE SEAS 71 Tage und die LIGHTNING 77 Tage. Das beste Etmal der LIGHTNING waren dabei 348 Seemeilen.

Bei den Rückreisen von Melbourne um Kap Hoorn nach Liverpool segelten die LIGHTNING 63 Tage, die BLUE JACKET und JAMES BAINES je 65 Tage und die CHAMPION OF THE SEAS 84 Tage. Die LIGHTNING erreichte dabei als bestes Etmal 412 Seemeilen.

Von Kapitän Angel auf der BELTANA wird folgendes berichtet: In schwerem Weststurm bei Kap Hoorn überholte die BEL-TANA einen anderen Segler, der unter dichtgerefften Marssegeln vor dem Winde lief. Auf der BELTANA standen noch alle drei Bramsegel! Als der andere Segler achteraus lag, machte Kapitän Angel ein Manöver, das zwar häufig ausgeführt wurde, um die Überlegenheit eines Schiffes zu zeigen, aber wohl kaum in der stürmischen und gefährlichen Kap-Hoorn-Region. Er ließ anluven, segelte vor dem Bug des anderen vorbei und zurück, wendete und überholte ihn wieder. Mit anderen Worten – er war um das andere Schiff herumgesegelt.

Als die BELTANA bei diesem Manöver über Stag ging, legte sie sich so weit über, daß die Leereling fußtief unter Wasser kam und die Nocken der Unterrahen eintauchten. Das Schiff wäre also fast gekentert.

Als der 1. Offizier, dem das wohl auch zuviel war, nach diesem Manöver fragte, ob nicht doch besser die Bramsegel geborgen werden sollten, donnerte ihn Kapitän Angel an: »Was, Segel bergen? Laßt sofort die Royals setzen, und wenn Ihr keine Leinwand mehr findet, geht in die Kajüte zu Mrs. Angel. Sie wird Euch vielleicht einen Unterrock leihen!«

Gute Leistungen waren auch die Reisen der TYPHOON, die in 80 Tagen von Kap Lizard nach Kalkutta segelte, und der CO-MET, die von Liverpool bis Kanton 84 Tage benötigte.

Im Jahre 1855 hat es offensichtlich nicht viele gute und bemerkenswerte Reisen gegeben. Die Berichte aus diesem Jahre sind gegenüber anderen spärlich. So segelte die DONALD MCKAY von Boston bis Cape Clear 12 Tage, wobei sie ein bestes Etmal von 421 Seemeilen zu verzeichnen hatte. Von Cape Clear bis Liverpool brauchte sie dann nochmals 5 Tage. Auf ihrer Reise von Liverpool nach Melbourne und zurück erreichte sie etwa die gleiche Zeit wie ein Jahr zuvor die CHAMPION OF THE SEAS.

In der Chinafahrt konnte die beste Heimreise erstmals ein britisches Schiff für sich verbuchen. Die LORD OF THE ISLES segelte in 87 Tagen von Shanghai nach London. Das zweitschnellste Schiff des Jahres auf dieser Strecke war die NIGHTINGALE mit 91 Tagen. Nach Beendigung des Krimkrieges im Jahre 1856 wurden die bis dahin als Truppentransporter eingesetzten Mediumklipper ALARM, EUTERPE, FLYING MIST, FLORENCE, INTREPID, MARY L. SUTTON, NORSEMAN und die zweite WITCH OF THE WAVE wieder in die Kalifornienflotte eingegliedert. Gegen die extremen Renner konnten sie aber doch nicht bestehen. Die besten Reisen dieses Jahres von New York nach San Francisco machten die SWEEPSTAKES in 94 Tagen, die ANTELOPE in 97 Tagen, die RINGLEADER in 100 Tagen, die PHANTOM in 101 Tagen und die DAVID BROWN in 103 Tagen. Die SWEEPSTAKES segelte von Sandy Hook bis zum Äquator 18 Tage und bis zum 50. Grad südlicher Breite weitere 23 Tage. Kap Hoorn wurde in 15 Tagen gerundet. Von 50° Süd im Pazifik bis zum Äquator segelte sie in 17 Tagen, weitere 21 Tage danach erreichte sie San Francisco.

Erstmalig wurde 1856 eine Prämie von 1 £ je ton Fracht für das erste aus China in London eintreffende Schiff ausgesetzt. Das war der Beginn der berühmten »Tea Races« (Tee-Rennen).

Das erste dieser Rennen lieferten sich die britische LORD OF THE ISLES unter Kapitän Killick und die nur 600 tons große amerikanische Klipperbark MAURY unter Kapitän Fletcher.

Die LORD OF THE ISLES verließ Fu-tschou-fu zuerst. Vier Tage später folgte ihr die MAURY. Die Schiffe erreichten die Downs am gleichen Morgen, und Gravesend passierte die MAURY sogar 10 Minuten vor der LORD OF THE ISLES. Die LORD OF THE ISLES bekam dann aber einen schnelleren und stärkeren Schlepper als die MAURY und erreichte so das Dock zuerst. Deshalb wurde ihr der Preis zuerkannt.

Infolge des Überangebotes an Frachtraum gab es in den USA von 1857 bis etwa 1861 eine Krise der Schiffahrt und des Schiffbaus. Es wurden nur wenige neue Schiffe gebaut, weil schon die vorhandenen

oft Wochen und Monate auf Fracht warten mußten. Die einst in schwindelnde Höhen gestiegenen Frachtraten (SOVEREIGN OF THE SEAS 1852: 84 $ je ton, Durchschnitt etwa 60 $ je ton!) fielen auf etwa 10 $ je ton.

Die beste Reise des Jahres 1857 von New York nach San Francisco machte mit 92 Tagen die GREAT REPUBLIC. Ihr folgten die FLYING DRAGON mit 97 Tagen und die WESTWARD HO und ANDREW JACKSON mit je 100 Tagen. Die FLYING FISH war von Boston aus 106 Tage unterwegs.

Im folgenden Jahre segelten die TWILIGHT 100 Tage und die ANDREW JACKSON 103 Tage von New York bis San Francisco und 1859 die SIERRA NEVADA 97 Tage und die ANDREW JACKSON 102 Tage.

Schließlich konnte die ANDREW JACKSON 1860 mit 89 Tagen den Rekord der FLYING CLOUD einstellen.

Insgesamt konnten in der Zeit von 1850 bis 1860 nur 18 Schiffe die Zeit von 100 Tagen für die Strecken von New York oder Boston bis San Francisco unterbieten. Es segelten: die FLYING CLOUD und die ANDREW JACKSON je 89 Tage, die SWORD-FISH 90 Tage, die FLYING FISH und die GREAT REPUBLIC je 92 Tage, die JOHN GILPIN 93 Tage, die SWEEPSTAKES 94 Tage, die SURPRISE und die ROMANCE OF THE SEAS je 96 Tage, die SEA WITCH, die CONTEST, die ANTELOPE, die SIERRA NEVADA, die FLYING DRAGON und die WITCHCRAFT je 97 Tage, die FLYING FISH und die DAVID BROWN je 98 Tage, die HERALD OF THE MORNING und die HURRICANE je 99 Tage.

Von diesen 18 Schiffen hatten vier Donald McKay, zwei Samuel Hall und zwei Jacob A. Westervelt gebaut, die drei besten und bekanntesten Schiffbauer jener Zeit.

Als 1857 in Indien der Sepoy-Aufstand ausbrach, brachten eine Anzahl britische und amerikanische Schiffe im Auftrag der britischen Regierung Truppen nach Indien. Die JAMES BAINES und die CHAMPION OF

THE SEAS liefen etwa gleichzeitig von Portsmouth aus mit Ziel Kalkutta. Nach einem harten Rennen von 101 Tagen erreichten sie gleichzeitig die Hooghly-Mündung. Die LIGHTNING, die ihnen später folgte, schaffte es sogar in 87 Tagen.

In der Australienfahrt setzten britische Reeder jetzt eine ganze Reihe in Amerika gebauter Schiffe ein. Teils waren sie gechartert, teils angekauft oder im Auftrag der Reeder gebaut worden. Die BELLE OF THE SEA, die in 64 Tagen von London nach Melbourne segelte, und die NORTH WIND, die 67 Tage von London bis Sydney unterwegs war, sind von ihnen die meistgenannten. Doch die RED ROVER, die COMET, die TORNADO, die SIERRA NEVADA und die INVINCIBLE benötigten für ihre Fahrten von London oder Liverpool nach Melbourne ebenfalls weniger als 75 Tage.

Von New York nach Melbourne segelten die MANDARIN 71 Tage, die FLYING SCUD und die NIGHTINGALE je 75 Tage, die RINGLEADER 78 Tage, die SNOW SQUALL 79 Tage, die WHIRLWIND 80 Tage und die FLYING DUTCHMAN und die PANAMA je 81 Tage.

Wie schwierig Kap-Hoorn-Umrundungen in westlicher Richtung waren, schildert Helmut Hanke in »Seemann, Tod und Teufel«. Er berichtet, daß im September 1905 insgesamt 42 Schiffe bei Kap Hoorn havarierten und das Hamburger Schiff SUSANNE 99 Tage hier kreuzte und dabei fünfundfünfzigmal wendete, ehe die Umrundung gelang.

Daß die Kap-Hoorn-Umsegelungen in östlicher Richtung nicht weniger gefährlich waren, zeigt ein Bericht von Basil Lubbock über die Heimreise der BEN VOIRLICH von Australien.

Westlich Kap Hoorn vor dem Winde laufend, luvte das Schiff plötzlich an und legte sich quer zu Wind und See. Wahrscheinlich war der Rudergänger einen Augenblick lang unaufmerksam gewesen.

Eine riesige See lief über das Deck, riß neun Mann mit fort und schlug die Kajüte ein. Bis zu den Rahnocken lag das Schiff über, die Unterrahen durch das Wasser schleppend. Zwei Mann, die in Lee auf der Fockrah arbeiteten, wurden ebenfalls weggespült. Der eine tauchte nicht wieder auf, der andere blieb kopfunten an der Reling hängen und bekam die Fockschot zu fassen. Als ein Schiffsjunge dem an der Reling Hängenden zu Hilfe kommen wollte, rollte die nächste See über das Schiff und spülte den Mann endgültig fort. Der Junge wurde binnenbords gegen eine Winde gedrückt, auf die er sich, völlig erschöpft, noch hinaufziehen konnte.

Der Segelmacher, einer der Ältesten an Bord, hatte das beobachtet und eilte nun dem Jungen zu Hilfe. Er erreichte ihn, als die nächste See über Deck ging, und konnte ihn und sich selbst an der Winde festhalten.

Inzwischen hatte die See Peil- und Steuerkompaß, die Niedergänge und das Ruderrad zerschlagen und das endgültige Kentern war jeden Augenblick zu erwarten. Kapitän McPetrie gab aber nicht auf. Obwohl nun auch das Mittschiffsdeckshaus in Gefahr kam, zerschlagen zu werden, so daß man die Passagiere von dort auf das höherliegende Achterdeck holen mußte, wurde alles versucht, das Rad zu laschen. Nur wenn das gelang, konnte das Schiff wieder vor den Wind gebracht werden.

Dreimal begann das Schiff sich langsam aufzurichten, und jedesmal wurde es wieder auf die Seite gedrückt. Endlich war es gelungen, das Ruder wieder einigermaßen brauchbar zu machen, und als das Schiff sich zum vierten Male aufzurichten begann, fiel es unter dem Ruderdruck langsam ab und lief bald wieder auf Kurs vor dem Wind.

Die Rennen der Teeklipper

In der Teefahrt von China nach London setzten sich die kleineren Teeklipper, die seit 1859 in Großbritannien gebaut wurden, allmählich durch. Sie bekamen leichter eine volle Ladung und waren mit ihren verhältnismäßig kleinen Besatzungen von meist etwa 30 Mann gegenüber 60 bis 100 Mann auf den großen Kalifornien- und Australienklippern wirtschaftlicher. Doch obwohl schon seit 1856 jedes Jahr eine Prämie für das erste in der Saison mit Tee in London eintreffende Schiff gezahlt wurde, wird über eine ganze Reihe von Jahren nichts über Wettfahrten berichtet. Die Berichte über die eigentlichen großen Tee-Rennen beginnen erst mit dem Jahre 1865.

Am 28. Mai 1865 starteten die FIERY CROSS und die SERICA gleichzeitig von Futschou-fu. Wenige Tage später folgte die TEAPING. Die FIERY CROSS und die SERICA kamen einander auf der ganzen Reise kaum einmal außer Sicht und erreichten nach 106 Tagen, vor einer leichten westlichen Brise laufend, gemeinsam den Kanal. Die SERICA hatte hier einen Vorsprung von ganzen zwei Seemeilen.

Bei Beechy Head nahmen beide Schiffe Schlepperhilfe. Die FIERY CROSS bekam einen stärkeren und schnelleren Schlepper, erreichte deshalb das Dock kurz vor der SERICA und bekam so die Prämie von 10 sh je ton Fracht zugesprochen.

Die TEAPING segelte nur 101 Tage, konnte aber den Vorsprung der anderen nicht aufholen.

In diesem Jahre entstanden bei Robert Steele & Co. die Schiffe ARIEL und SIR LAUNCELOT, bei Alexander Hall die ADA und bei Connell & Co. die TAITSING. Alle vier waren Kompositschiffe.

Im Jahre darauf sollten insgesamt 9 Schiffe das bis dahin größte Rennen der Teeklipper austragen, das berühmte Tee-Rennen von 1866. Die ADA, die BLACK PRINCE, die CHINAMAN, die FIERY CROSS, die FLYING SPUR, die SERICA, die ARIEL, die TEAPING und die TAITSING sollten möglichst am gleichen Tage von Fu-tschou-fu starten. Sie wurden mit der größten Eile beladen.

Als erste war die FIERY CROSS fertig und ging am 29. Mai unter Segel. Die ARIEL folgte ihr am 30. Mai um 10^{30} Uhr, und SERICA und TEAPING verließen Fu-tschou-fu um 10^{50} Uhr. Am 31. Mai um Mitternacht folgte die TAITSING. Die vier anderen waren noch nicht fertig mit Laden und hatten dadurch keine Chance mehr, einen guten Platz zu belegen oder gar zu siegen. Die ARIEL wurde von Kapitän Keay kommandiert, die FIERY CROSS von Kapitän Robinson, die SERICA von Kapitän Innes, die TEAPING von Kapitän McKinnon und die TAITSING von Kapitän Nutsfield.

Anjer Point an der Sunda-Straße passierten ARIEL am 19. Juni, TEAPING am 20. Juni, SERICA am 22. Juni und TAITSING am 25. Juni. Mit frischem Passat ging es weiter, und zwischen Anjer Point und Mauritius wurden die besten Etmale der Reise erreicht. Bei FIERY CROSS waren das 328 Seemeilen, bei TEAPING 319 Seemeilen, bei TAITSING 318 Seemeilen, bei ARIEL 317 Seemeilen und bei SERICA 291 Seemeilen.

Am 14. Juli, nach 46 Tagen Fahrt, erreichte die FIERY CROSS Kap Hoffnung. ARIEL passierte es am 15. Juli, nach ebenfalls 46 Tagen, und die TEAPING nach 47 Tagen, am 16. Juli. Die SERICA folgte am 19. Juli, nach 50 Tagen, und die TAITSING schließlich nach 54 Tagen, am 24. Juli. Nach weiteren 20 Tagen überquerten die FIERY CROSS am 3. August und die ARIEL am 4. August den Äquator.

Während der ganzen Reise wechselten die Positionen der Schiffe zueinander mehrfach, und immer wieder sichteten sie sich gegenseitig, um einander dann wieder für

Tage oder auch nur Stunden außer Sicht zu kommen. Am 5. September sichteten sich bei Lizard Point ARIEL und TEAPING, und fast Seite an Seite jagten sie in den Kanal hinein. Die Reede von Deal erreichte die ARIEL 8 Minuten vor der TEAPING. Vier Stunden später traf die SERICA ein. Mit Schlepperhilfe ging es nun nach London, und am 6. September, nach 99 Tagen Fahrt, machte die TEAPING um 9^{45} Uhr in den London Docks, die ARIEL um 10^{15} Uhr in den East India Docks und die SERICA um 11^{30} Uhr in den West India Docks fest. Die FIERY CROSS erreichte Deal nach 101 Tagen am 7. September, und die TAITSING kam am 9. September nach ebenfalls 101 Tagen dort an.

Die Reedereien Shaw, Maxton & Co., Eigner der ARIEL, und Rodger & Co., Besitzer der TEAPING, gerieten nun in einen heftigen Streit um die ausgesetzte Prämie von 10 sh je ton Fracht. Zwar hatte die ARIEL Deal 8 Minuten vor der TEAPING erreicht, doch die TEAPING war 20 Minuten später gestartet und damit auf der Gesamtdistanz von etwa 16000 Seemeilen um 12 Minuten schneller. Schließlich einigte man sich und teilte den Preis. Um solche Streitereien und eventuelle Feindseligkeiten zu vermeiden, wurden danach keine Preise mehr ausgesetzt.

Allmählich wurde die Dampfschiffahrt zu einer ernstzunehmenden Konkurrenz. Wenige Jahre zuvor waren die Dampfer nur auf kurzen Strecken im Vorteil gewesen, weil sie zuviel Kohle brauchten. 1866 aber wurden die ersten Langstreckendampfer gebaut. Diese konnten die etwa 8500 Seemeilen von London bis Mauritius zurücklegen, ohne nachbunkern zu müssen. Die Erbauer, die Reeder und die Kapitäne der Teeklipper scheuten aber den Vergleich nicht, und in rascher Folge wurden neue Schiffe gebaut. Darunter waren so bekannte wie die TITANIA, die SPINDRIFT, die FOR-WARD HO, die LAHLOO, die LEANDER, die THERMOPYLAE, die WINDHOVER, die CUTTY SARK, die CALIPH, die WYLO, die KAISOW und die LOTHAIR.

Das nächste große Rennen der Teeklipper fand 1868 statt. Außer SIR LAUNCELOT, SPINDRIFT, LAHLOO und LEANDER standen sich dabei auch die Rivalen von 1866. ARIEL, TEAPING und SERICA, wieder gegenüber. Innerhalb von fünf Tagen gingen diese sieben Schiffe von Fu-tschou-fu aus unter Segel. Wieder befehligten Kapitän Keay die ARIEL und Kapitän McKinnon die TEAPING. Diese beiden und die SIR LAUNCELOT unter Kapitän Robinson starteten am 28. Mai. Ihnen folgten die SPINDRIFT unter Kapitän Innes am 29. Mai und die LAHLOO unter Kapitän Smith am 30. Mai. Am 1. Juni lief die SERICA aus und am 3. Juni schließlich auch die LEANDER.

Zunächst blieben die ARIEL und die SIR LAUNCELOT für einige Tage nahe beieinander und sichteten sich mehrfach. Nachdem die ARIEL einen geringen Vorsprung herausgesegelt hatte, steuerten sie unterschiedliche Kurse und sichteten sich während der ganzen Reise nicht wieder. Die SPINDRIFT und die LAHLOO, die später gestartet waren, hatten so günstige Windverhältnisse, daß sie nach 12 Tagen den Vorsprung der anderen aufgeholt hatten, was aber der SERICA und der LEANDER nicht gelang.

Die Api-Passage erreichten SPINDRIFT und ARIEL fast gleichzeitig, doch während Kapitän Keay mit der ARIEL dicht unter Land ging und, ständig lotend und sich bis auf 4 Faden Wassertiefe wagend, die leichte Landbrise ausnutzte, blieb die SPINDRIFT weiter vom Land ab in einer Windstille liegen. Die ARIEL gewann dadurch 19 Stunden Vorsprung.

Bei Kap Hoffnung lagen die Schiffe wieder nur wenig auseinander und passierten es alle innerhalb von 2 Tagen. Die ARIEL führte noch immer, und die SPINDRIFT lag am Schluß. Von der SERICA und der LEANDER war noch nichts zu sehen. Die SPINDRIFT segelte nun einen etwas westlicheren Kurs als die anderen und fand dabei so gute Windverhältnisse, daß sie sich an die Spitze setzen konnte. Den Äquator passierte sie mit einem Tag Vorsprung vor ARIEL und LAHLOO und zwei Tage vor TEAPING, aber schon eine Woche danach lagen die vier wieder in Sichtweite beieinander. Bis zu den Kanarischen Inseln hatte die ARIEL wieder einen Tag Vorsprung herausgesegelt, in London langte sie 12 Stunden vor den beiden gleichauf liegenden Verfolgern SPINDRIFT und SIR LAUNCELOT an. Der eigentliche Sieger war aber doch die SPINDRIFT, da sie ja 23 Stunden später gestartet war.

Die Reisezeiten der Schiffe waren für SPINDRIFT und ARIEL je 97 Tage, SIR LAUNCELOT 98 Tage, LAHLOO 100 Tage, TEAPING 102 Tage, LEANDER 109 Tage und SERICA 113 Tage.

Für George Thompson & Co., denen bereits so gute Schiffe wie die STAR OF PEACE, die ETHIOPIAN, die ARISTIDES, die PATRIARCH, die SALAMIS und noch andere gehörten, baute Walter Hood in Aberdeen 1868 die 947 tons (Registertons zu je 100 Kubikfuß) große THERMOPYLAE. Sie war 210 Fuß lang, 36 Fuß breit und 21 Fuß tief, trug doppelte Marssegel, aber keine Skysegel. Ihr Rumpf war seegrün gestrichen, die Rahen und die Untermasten waren weiß.

Ihre erste Reise ging unter Kapitän Kemball von London nach Melbourne. Sie passierte Gravesend am 7. November 1868 und erreichte am 9. Januar 1869, nach 63 Tagen, Melbourne. Von Newcastle in Neusüdwales segelte sie dann in nur 28 Tagen nach Shanghai, um sich am Rennen der Teeklipper des Jahres 1869 zu beteiligen.

Diesmal starteten die Schiffe später als in den vorhergehenden Jahren. Die ARIEL verließ Fu-tschou-fu am 30. Juni. Am 1. Juli folgte ihr die LEANDER, am 3. Juli die THERMOPYLAE, am 4. Juli die SPINDRIFT, am 9. Juli die TEAPING und am 17. Juli schließlich noch die SIR LAUNCELOT.

Die 886 tons (Registertons) große SIR LAUNCELOT machte die beste Reise und erreichte London nach 89 Tagen. Ihr bestes Etmal waren 354 Seemeilen, das beste Etmal, das einer der Teeklipper zwischen 1860 und 1870 überhaupt erreichte.

Die THERMOPYLAE war nur wenig langsamer, sie langte nach 91 Tagen an. Die TEAPING brauchte 102 Tage, die LEANDER 103 Tage, die ARIEL 104 Tage und die SPINDRIFT 106 Tage.

Die SIR LAUNCELOT war 197 Fuß 6 Zoll lang, 33 Fuß 7 Zoll breit und 21 Fuß tief. Hinten betrug ihr Tiefgang 18 Fuß 9 Zoll, vorn 18 Fuß 7 Zoll. Sie trug 45 500 Quadratfuß Segelfläche und hatte 30 Mann Besatzung. Ihre Ladung bestand in diesem Jahre aus 1430 tons (50 Kubikfuß je ton) Tee, 200 tons Ballast und 100 tons Stauholz.

Bei den Rennen der Teeklipper wurde nicht weniger verwegen gesegelt als in der Kalifornien- und der Australienfahrt, doch wurde gelegentlich auch eine List gebraucht, um dem Gegner einen Vorsprung abzugewinnen. So berichtete Kapitän Care aus der Zeit, als er das Schiff LORD MACAULY kommandierte, wie er den Kapitän der ELIZABETH NICHOLSON überlistete, der, sich auf die Vorzüglichkeit und Überlegenheit seines neueren Schiffes verlassend, sich gerühmt hatte, er werde die LORD MACAULY auf jeden Fall aussegeln.

Im Begriff, eine der schmalen und oft schwierigen Passagen zwischen den indonesischen Inseln zu durchsegeln, sah Kapitän Care, daß ihm ein anderer Segler folgte. Bald erkannte er die ELIZABETH NICHOLSON. Als er in die Meerenge einfuhr, es war gegen Abend, folgte die ELIZABETH NICHOLSON in geringem Abstand.

Kapitän Care kannte das Fahrwasser

genau und hatte deshalb die Absicht, bei Nacht weiterzusegeln. Da er aber wußte, daß dem Kapitän der ELIZABETH NICHOLSON diese Gewässer noch fast unbekannt waren, traf er Vorbereitungen, als ob er ankern und den Morgen abwarten wollte. Er ließ zunächst einige Segel bergen, und als er sah, daß der andere das gleiche tat, kommandierte er so laut, daß der ihn hören mußte: »Anker klar zum Fallen!« Als es dann dunkel wurde, kommandierte er noch lauter als vorher: »Let go!« Dieses Kommando ließ er aber nicht ausführen.

Als er hörte, daß auf der ELIZABETH NICHOLSON die Anker fielen, ließ er wieder alle Segel setzen, die Rahen anbrassen und segelte, als ob der Teufel hinter ihm her wäre. In dieser Nacht gewann er 70 Seemeilen Vorsprung und erreichte schließlich London fast eine Woche vor der ELIZABETH NICHOLSON.

Das Rennen des Jahres 1870 entschied die LAHLOO für sich. Sie segelte 97 Tage von Fu-tschou-fu bis London. Die WINDHOVER benötigte 100 Tage, die SIR LAUNCELOT 102 Tage, die LEANDER 103 Tage und die THERMOPYLAE 106 Tage.

Die letzten Rennen der Teeklipper wurden 1871 ausgetragen. Von Fu-tschou-fu nach London segelten die TITANIA in 93 Tagen und die LAHLOO in 111 Tagen, während von Shanghai nach London die THERMOPYLAE 106 Tage, die CUTTY SARK 110 Tage und die FORWARD HO 118 Tage unterwegs waren.

Der im November 1869 eröffnete Suezkanal hatte der Dampfschiffahrt große Vorteile gebracht. Sie hatte einen so mächtigen Aufschwung genommen, daß die Segler, die den Kanal wegen der meist ungünstigen Windverhältnisse im östlichen Mittelmeer und im Roten Meer und der für die Kanaldurchfahrt erforderlichen Schlepperhilfe nur mit Nachteilen und zusätzlichen Kosten benutzen konnten, ihrer Konkurrenz erlagen. Nur in der Woll- und Weizenfahrt von Australien und in der Salpeterfahrt von Chile nach Europa konnten sich die Segler noch mehrere Jahrzehnte behaupten.

Der Verbleib einiger Klipperschiffe

Über die meisten Klipperschiffe gibt es keine Nachrichten aus späteren Jahren. Viele wechselten mehrfach die Besitzer und damit auch die Namen, und niemand weiß, wo sie schließlich verschwunden sind. Manche haben lange Zeit unerkannt als Kohlenhulks oder als Anleger in kleinen und abgelegenen Häfen gedient. Ihrer gesamten Takelage beraubt, mit übermaltem Namen und ehemaligem Heimathafen, war nur selten eins dieser ehemals so schönen und stolzen Schiffe wiederzuerkennen. Bisher ist es auch nur in einem einzigen Falle gelungen, eins von ihnen wieder in seinen Originalzustand zu versetzen und vor dem Verfall zu bewahren. So liegt die CUTTY SARK als letztes Denkmal der größten Zeit der Segelschiffahrt in einem Trockendock in Greenwich.

Von den amerikanischen Klipperschiffen ist heute wohl keins mehr vorhanden, doch von einigen soll hier wenigstens das aufgeführt werden, was über ihren Verbleib bekannt ist.

Die GOLDEN LIGHT unter Kapitän Windsor wurde am 12. Februar 1853 von einem Blitz getroffen, die Ladung begann zu brennen, am 23. Februar mußte das Schiff aufgegeben werden. Die TRADE WIND kollidierte 1854 mit dem Dampfer OLYMPUS, beide Schiffe sanken, und im Dezember des gleichen Jahres strandete die STAFFORDSHIRE bei Kap Sable.

Die unter Kapitän Robert H. Waterman berühmt gewordene SEA WITCH strandete am 26. März 1856 an der Ostküste Kubas, und die HIGHFLYER unter Kapitän Gordon

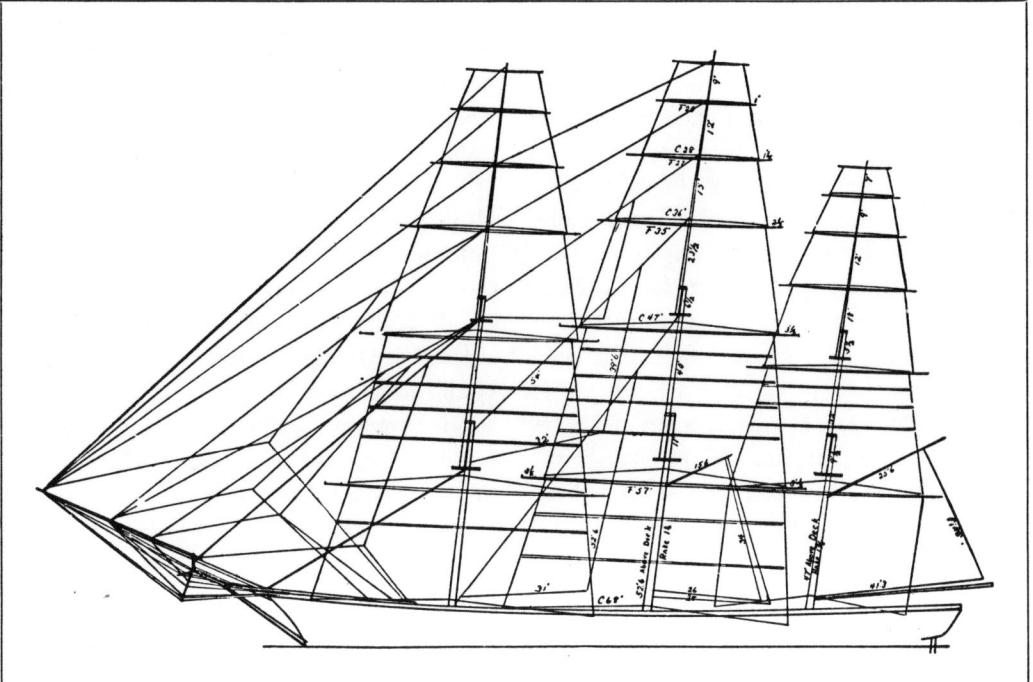

Fig. 7   Segelplan des Klipperschiffes SEAMAN'S BRIDE (668 tons)

B. Waterman verschwand auf der Reise von San Francisco nach Hongkong spurlos.

Am 29. Januar 1858 kollidierte die JOHN GILPIN bei Kap Hoorn mit einem Eisberg und sank, und die FLYING DUTCHMAN strandete im Februar in einem Schneesturm bei der Brigantine-Sandbank an der Küste von New Jersey. Die FLYING FISH wurde in diesem Jahre verkauft und erhielt den Namen EL BUENO SUCESO, unter dem sie später im Chinesischen Meer sank. Ebenfalls 1858 brannte in Liverpool die JAMES BAINES aus. Ihr Wrack diente lange Zeit als Landebrücke für Dampferpassagiere.

Über die SOVEREIGN OF THE SEAS wurde schon früher berichtet. Sie sank 1859 bei der Pyramide-Sandbank in der Straße von Malacca. Die NORTHERN LIGHT mußte am 25. Dezember 1861 nach einer Kollision aufgegeben werden. Die PHANTOM strandete 1862 etwa 100 Seemeilen ostsüdöstlich von Hongkong bei der Prates-Sandbank. Die STAG HOUND verbrannte 1863 an der brasilianischen Küste. Die UNDAUNTED wurde bei Rio de Janeiro verlassen. Bei Kap Hoorn sank die REPORTER, und die CONTEST und die WINGED RACER gingen an der Küste von Java verloren. Die SWEEPSTAKES wurde 1864 bei Batavia (heute Djakarta) verlassen.

Die BALD EAGLE und die ROMANCE OF THE SEAS waren schon 1860 verschollen.

In einem Taifun im Chinesischen Meer sank 1865 die HOUQUA. Die unter britischer Flagge als FIERY STAR segelnde COMET verbrannte auf See. Die LIGHTNING wurde 1866 aus der Schiffsliste gestrichen, sie war in Geelong verbrannt. Die SHOOTING STAR strandete 1867 an der Küste von Formosa (Taiwan).

Die SAMUEL RUSSELL scheiterte 1870 in den Gaspar Straits. 1872 sank die GREAT REPUBLIC unter dem Namen DENMARK in einem Hurrikan bei den Bermudas. Die N.B. PALMER wurde in diesem Jahre verkauft und ist seitdem verschollen.

Beim Brand von St. John, New Brunswick, wurde 1874 auch die FLYING CLOUD vernichtet. Am 4. Februar 1876 lief die SURPRISE in der Yokohama Bay auf einen Felsen und sank.

Die CHAMPION OF THE SEAS sank 1877 bei Kap Hoorn. 1879 sank auch die jetzt ROCKINGHAM genannte MORNING STAR. Die GAME COOK mußte 1880 bei Kap Hoffnung aufgegeben werden.

Die Klipperbark EMILY C. STARR verschwand auf der Fahrt von Shanghai nach Yokohama. Die TORNADO, die WHIRLWIND und die NEPTUNE'S CAR segelten später unter britischer Flagge. Die MARCO POLO und die RED JACKET waren zuletzt in der Holzfahrt von Quebec eingesetzt. Die OCEAN TELEGRAPH segelte als LIGHT BRIGADE unter britischer Flagge, später diente sie als Kohlenhulk in Gibraltar.

Die SEAMAN'S BRIDE kam 1855 nach Hamburg und die CŒUR DE LION 1857. Wie lange sie unter hamburgischer Flagge fuhren und wo sie geblieben sind, ist nicht bekannt. Die Reederei Sloman in Hamburg erwarb 1855 die JOHN BERTRAM und 1856

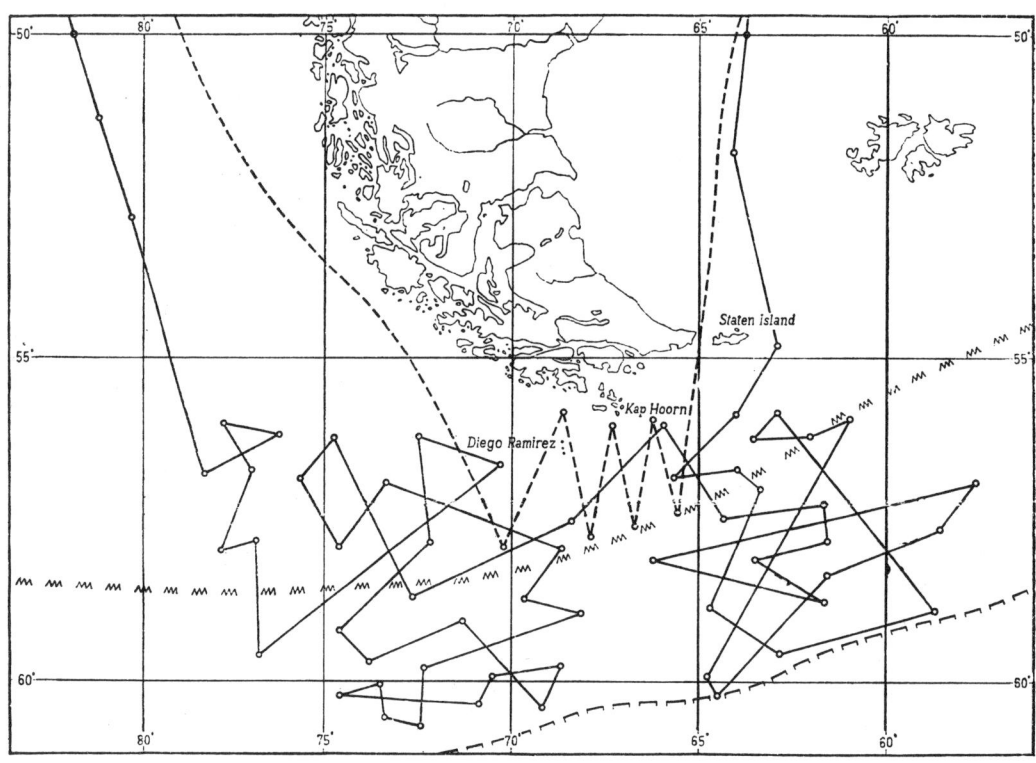

Fig. 8   Umsegelung von Kap Hoorn

——————————— Kurs der SUSANNE 1905

– – – – – – – idealer Seeweg bei ständigen westlichen Winden

⌐ ⌐ ⌐ ⌐ ⌐ Packeisgrenze

⋀ ⋀ ⋀ ⋀ ⋀ äußerste Treibeisgrenze

die ELECTRIC. Die JOHN BERTRAM wurde 1872 nach Norwegen verkauft und ging 1883 verloren, während die ELECTRIC bereits am 7. November 1872 auf 40° N, 55° W im Nordatlantik aufgegeben wurde.

In Bremen waren 1885 die MORNING LIGHT (unter dem Namen J. W. WENDT), die RED CLOUD (unter dem Namen CARL FRIEDRICH) und die DONALD MCKAY beheimatet. Die DONALD MCKAY kam später nach Quebec, über den Verbleib der beiden anderen ist nichts bekannt.

Von den britischen Klipperschiffen ging die LORD OF THE ISLES 1862 durch einen Brand verloren. Das 1864 gebaute zweite Schiff dieses Namens wurde später nach Frankreich verkauft, wo es unter dem Namen PAUL ALBERT bekannt wurde. Die SPINDRIFT und die SERICA sanken 1869, die FALCON strandete 1871 unter dem Namen SOPHIA BRANILLA an der Küste von Java, und die YANGT-SE ging 1872 verloren.

Nach einer Kollision mit einem Dampfer sank 1880 die CHINAMAN, 1881 sank die FORWARD HO. Die TAITSING strandete 1883 an der Küste von Sansibar und die WINDHOVER 1884 an der australischen Küste. Die SIR LAUNCELOT sank 1895.

THERMOPYLAE wurde 1890 nach Kanada verkauft und von dort aus als Reistransporter auf einer Pazificroute eingesetzt. 1895 kaufte Portugal sie, und von 1899 an lief sie unter dem Namen PEDRO NUNEZ als Schulschiff der portugiesischen Marine, bis sie 1907 in der Tejo-Mündung mit seemännischen Ehren durch einen Torpedoschuß versenkt wurde.

Die Zeit der Segelschiffe ist endgültig vorüber. Sie können weder in wirtschaftlicher Hinsicht noch geschwindigkeitsmäßig mit den modernen Schiffen konkurrieren. Wie lange sich die letzten Großsegler als Schulschiffe noch behaupten können, bleibt abzuwarten. So soll denn am Schluß, gewissermaßen als Nachruf, ein von Ludwig Albrand in »Westward – ho!« wiedergegebenes Gedicht stehen.

As over the moon fast fly the
    amber veils
For one dear home let's flying
    the knots behind
And hear again through cordage
    and through sails
The vigor of the voices of the
    wind.

Thei're gone the Clyde-built
    darlings like a dream.
Regrets are vain and sighs shall
    not avail.
Yet mind the clatter and the rush
    of steam
How strangely memory veers
    again to sail.

Die ebenfalls bei Albrand wiedergegebene Übersetzung lautet:

So wie vorm Mond die bernstein-
    farbenen Schleier hinfliegen
    mit den Schwingen großer Vögel,
laß hinter dir im Flug die vielen
    Meilen zu einer Herzensheimat,
    fern und teuer,
und höre wieder, wie im vollen
    Seilen (Segeln)
der Wind gewaltig braust in Rigg
    und Segel.

Geliebte Schiffe, wie ein Traum
    vergangen,
sie sind dahin, kein Seufzen hilft
    und Klagen.
Und doch im Winschenlärm
    und Dampferrauch bewegt
    Erinnerung ein Sehnsuchtshauch:
mit vollen Segeln über See zu jagen!

Zur Konstruktion der Klipper

Formgestaltung der Klipper

Die Form der als Klipper bezeichneten Fahrzeuge und Schiffe war im Laufe der Zeit mancher Wandlung unterworfen. Geblieben sind jedoch stets die im Verhältnis zur Breite recht große Länge und die unter kleinen Winkeln und mit geringer Krümmung in die Stevensponungen einmündenden Linien des Unterwasserteiles.

Die meist schonergetakelten Klippertypen vom Ende des 18. und Beginn des 19. Jahrhunderts waren den französischen Luggern der gleichen Zeit sehr ähnlich. Der gerade oder nur wenig gekrümmte Vorsteven stand senkrecht zur Konstruktionswasserlinie (KWL) oder fiel nur sehr wenig nach vorn aus. Der Hintersteven fiel leicht nach hinten aus, doch stets mit größerer Neigung als der Vorsteven. In Extremfällen erhielt er bis zu 25° Neigung. Die in Schiffslängsrichtung gemessene Breite der Steven betrug oft das 4- bis 6fache ihrer Dicke, und der Kiel war 4- bis 6-, manchmal sogar 8mal so hoch wie breit. Der Tiefgang war hinten stets größer als vorn. Die Tiefgangsdifferenz betrug im Mittel etwa 1 Fuß auf je 24 bis 25 Fuß Länge.

Die Spantformen dieser Fahrzeuge waren überaus scharf. Der stark aufkimmende Boden hatte oft eine leichte Krümmung nach innen (er war eingezogen), so daß die Hauptspantform eine leicht s-förmige Kurve war. Die größte Breite lag etwa 7 bis 10 % der Länge der KWL vor der Mitte derselben.

Das Deck war meist glatt mit gutem Sprung. Nur bei den größten Fahrzeugen dieser Art war manchmal ein niedriges Kajütdeck im hinteren Drittel vorhanden.

Die typische Heckform war ein kleines, kantiges Überstandsheck, das recht hoch über der KWL ansetzte. Der Ruderschaft wurde durch einen Koker dicht am Spiegel bis an Deck hochgeführt. Gesteuert wurde meist mit dem Helmholz (Pinne). Eine Radsteuerung war ein Ausnahmefall und wohl nur auf den größten Fahrzeugen zu finden.

Keines dieser Fahrzeuge trug ein ausgeprägtes Galion, es war höchstens ein kleines, nach vorn auskragendes Knie vor den Vorsteven gebolzt. Dieses Knie war meist schön geschnitzt und bemalt, manchmal nur bemalt, selten ganz schmucklos. Eine Galionsfigur trug es nie. Bei vielen der Fahrzeuge fehlte selbst das Knie.

Die scharfe Spantform und die steilen Steven ergaben im Unterwasserteil einen sehr schlanken Linienverlauf. Im Vorschiff liefen die unteren Linien fast gerade an die Stevensponung heran, im Hinterschiff waren sie fast stets etwas konkav. So entstanden eine kleine Vorpiek, eine hohe und steile Achterpiek und ein riesiges Totholz, alles zusammen eine recht strömungsgünstige, widerstandsarme Form (Kabeljaukopf und Makrelenschwanz!) und eine große Lateralplanfläche. Das hohe, schmale Ruder erforderte keinen übermäßigen Kraftaufwand und hatte doch eine ausreichende Größe, um die Fahrzeuge wendig zu machen.

Ihre Größe lag zwischen etwa 30 bis 200 tons (1 ton $\cong$ 40 Kubikfuß), wobei die meisten auf den Bereich zwischen 70 und 120 tons kamen.

In den Jahren zwischen 1810 und 1815 entstand auf den Werften von Baltimore durch Abwandlung und Weiterentwicklung eine neue Form, die der berühmten »Baltimore-Klipper«.

Auffallend sind an diesem Typ die stark ausfallenden Steven und die extrem nach hinten geneigten Masten. Die Vorstevensponung verlief in einer Kurve, die oftmals fast ein Kreisbogen mit etwa der zwei- bis zweieinhalbfachen Seitenhöhe als Radius war. Der Vorsteven war im Unterwasserteil stark verbreitert und bildete so eine Art Luvklotz, also eine Fläche, die der Kursstabilisierung dient. Der Kiel war meist vorn etwas höher als hinten, der Hintersteven war unten am Kiel etwa 1,5- bis 2mal so breit wie im Bereich der KWL. Die Hinterstevensponung bildete mit der Senkrechten einen Winkel von 35 bis 40°.

Die Tiefgangsdifferenz zwischen Bug und Heck betrug auch bei diesem Typ ungefähr 1 Fuß auf je 24 bis 25 Fuß Länge.

Mit ihrer scharfen, im Boden stets etwas eingezogenen Spantform, dem an den Löffelbug moderner Jachten erinnernden Bug mit kleinem, vorkragendem Galionsknie und dem meist schon etwas abgerundeten Ruder wirkten diese Fahrzeuge elegant, jachtartig und verwegen.

Wann erstmals mit diesem Typ die Größenordnung von 200 tons überschritten wurde, läßt sich nicht mehr ermitteln. Sicher ist nur, daß manche der späteren Opiumklipper und viele Sklavenklipper ihrer Bauart nach zum Typ der Baltimore-Klipper gehörten. Darunter waren Fahrzeuge mit 300 bis 400 tons, und es ist nicht ausgeschlossen, daß es noch größere gegeben hat. Die Ann McKim war in der Form der ebenfalls zum Typ der Baltimore-Klipper gehörenden Gloucester-Schoner gebaut!

Bei den extremen Klipperschiffen waren die Linien noch schlanker und schärfer und liefen an beiden Enden in leicht konkaver Krümmung in die Stevensponungen ein, während die Spantformen etwas völliger gehalten wurden. Der Hintersteven stand bei diesen Schiffen steil bis senkrecht, während der Vorsteven die bekannte typische Klipperform erhielt, die kantig oder mit kurzer Krümmung vom Kiel mit geringer Neigung nach vorn, manchmal fast senkrecht aufsteigt und dann in schön geschwungener Kurve nach vorn ausfällt.

Bei der Rainbow, dem ersten extremen Klipperschiff, verlief die Vorstevensponung in einer geraden, leicht nach vorn ausfallenden Linie, und der auskragende Steven war eigentlich nur ein Galionssscheg. Dadurch entstand ein fast halbkreisförmiges Vordeck, obwohl die Linien des Unterwasserteiles sehr scharf waren. Bei den späteren Klipperschiffen ließ man die Sponung der äußeren Stevenform folgen, so daß ein langes spitzes Vordeck entstand.

Die anfangs noch recht scharfen Spantformen wurden später im Interesse größerer Tragfähigkeit bei immer noch extrem schlanken Linien immer völliger, bis man schließlich mit fast oder ganz ebenem Boden baute. Die Tiefgangsdifferenz zwischen Bug und Heck betrug bei Schiffslängen von 120 Fuß und mehr nur noch maximal 3 Fuß, und die größte Breite lag nun nur noch bei 2,4 bis 3 % der Länge der KWL vor der Mitte derselben. Die Bordwände hielt man in diesem Bereich fast senkrecht und zog sie nach oben wieder etwas ein. Das Heck war meist kurz und leicht, aber schön gerundet. Schwere oder kantige Heckkonstruktionen wurden nur noch selten ausgeführt. Kiel und Steven wurden recht stark bemessen, wirkten aber bei diesen großen Schiffen nicht mehr so wuchtig wie bei den kleinen Baltimore-Klippern.

Aufbau der Schiffe

Die Masten, bei der RAINBOW recht steil gestellt, erhielten bereits bei den nächsten Schiffen wieder reichlich Fall nach hinten, jedoch meist nicht ganz so stark wie bei den früheren Baltimore-Klippern.

Der Hauptlängsverband der hier betrachteten Fahrzeuge und Schiffe war der meist verhältnismäßig hohe und schmale Kiel. Wegen der beträchtlichen Höhe und zum Schutz bei Grundberührungen bestand er meist aus zwei Lagen, dem eigentlichen festen Kiel und dem darunterliegenden Loskiel (auch Sohle), die mittels seitlich eingelassener metallener »Schwalbenschwänze« miteinander verbunden wurden.

Die an beiden Enden des Kiels ansetzenden Steven waren oftmals nicht so dick, wie der Kiel breit war. Die Breite des Kiels mußte in solchen Fällen an den Enden entsprechend verringert werden. In den Rissen ist jedoch meist nur die Dicke der Steven gezeichnet, nicht die Kielbreite.

Zur besseren Aussteifung der Verbindungen zwischen Kiel und Steven wurden die Aufklotzungen angebracht, die die sehr schmalen und deshalb sowieso nicht nutzbaren Räume in diesen Bereichen ganz ausfüllten. Sie reichten meist bis zu einem Spant, dessen Form sich am meisten der Form eines Spants vom anderen Schiffsende näherte. Bei Fahrzeugen mit sehr scharfer Hauptspantform reichten sie mitunter über die ganze Länge. Die Bodenstücke der Spanten, die Lieger, konnten dann wie bei Schiffen mit völliger Hauptspantform ausgeführt werden. Die sogenannten Piekstücke, die aus entsprechend gewachsenen Gabelästen geschnitten werden mußten, entfielen dadurch, und die Befestigung der Spanten konnte einfacher und haltbarer ausgeführt werden. Wenn die vorderen und hinteren Aufklotzungen hoch und stark genug waren, setzte man mitunter die Spanten seit-

lich an diese an und verbolzte sie mit ihnen.

Die Spanten selbst wurden je nach Größe des Schiffes und dem verfügbaren Holz aus mehreren Stücken zusammengesetzt, die in zwei Lagen so angeordnet wurden, daß die Stöße sich möglichst weit überlappten. Als Spantabstand wählte man mindestens eine halbe, höchstens eine ganze Spantbreite.

Über den Liegern wurde als innerer Längsverband das Kielschwein angeordnet. Es war meist genauso hoch wie der feste Kiel, aber 2 bis 4 Zoll breiter und sollte wie der Kiel aus möglichst wenigen Stücken zusammengesetzt werden.

Bei den extremen Klipperschiffen mit ihren überaus scharfen Enden mußte man zur Gewährleistung einer ausreichenden Längsfestigkeit entsprechend große Querschnitte wählen. Da das beim Kiel selbst nur innerhalb gewisser Grenzen möglich war, tat man es hauptsächlich beim Kielschwein. Dieses wurde oftmals aus 10 bis 12 Balkenlagen zusammengefügt. Die Aufklotzungen waren dagegen im Verhältnis zur Länge kleiner und überschritten nur selten das Maß der Höhe von Kiel, Liegern und Kielschwein zusammen.

Weitere wichtige Längsverbände waren die Balkweger für die Decksbalken und die Bergweger für die Zwischendecks- bzw. Raumbalken. Sie bestanden je nach der Größe des Schiffes aus 1 bis 3 Plankengängen beträchtlicher Dicke, die innen auf den Spanten lagen. In der Außenhaut lagen ihnen der Schergang in Höhe des obersten durchlaufenden Decks und die Berghölzer etwa in Höhe der Wasserlinie gegenüber. Die Kimmweger und die Kimmplanken im Bereich der stärksten Spantkrümmungen hatten meist die gleiche Dicke wie die Berghölzer, waren aber etwas schwächer als die Balk- oder Bergweger. Der Schergang und die Kielgänge waren etwa 0,5 bis 1 Zoll dicker als die übrigen Plankengänge.

Die durch die unterschiedlichen Plankendicken in der Außenhaut entstehenden und bei älteren Schiffstypen deutlich sichtbaren Stufen wurden meist schon durch eine Abstufung der Plankendicken gemildert und schließlich in jedem Falle so bearbeitet, daß eine völlig glatte Oberfläche entstand.

Die Decksbalken wurden etwas in die Balkweger eingelassen. Ihr Abstand sollte 3 Fuß 6 Zoll, wenn ein Zwischendeck vorhanden war, 4 Fuß nicht überschreiten.

Schiffe mit einer Raumtiefe bis 12 Fuß (von Oberkante Bodenwegerung bis Unterkante Deck) erhielten meist kein Zwischendeck und auch keine Raumbalken. Bei 12 bis 19 Fuß Raumtiefe durften die Raumbalken bis zu 9 Fuß auseinanderliegen, bei größerer Tiefe oder wenn ein Zwischendeck vorhanden war, nur so weit wie die Decksbalken. Jeder Raum- oder Zwischendecksbalken mußte genau unter einem Decksbalken liegen, damit sowohl die Raumbalken als auch die Decksbalken vom Kielschwein her mit entsprechenden Stützen ausgesteift werden konnten.

An den Decksöffnungen für Luken, Niedergänge usw. legte man meist etwas stärkere Balken an die Enden der Öffnung und verband diese mit Unterschlägen. Zwischen den Balkwegern und diesen Unterschlägen wurden dann sogenannte halbe Balken eingelegt. Für die Deckshäuser, Betinge, Winden, Pumpen, Spille und Masten wurden ebenfalls Unterschläge angebracht.

Die Scherstöcke, die die Decksöffnungen einfaßten, wurden auf die Unterschläge und Decksbalken aufgesetzt. Bei den Deckshäusern setzte man sie nur auf die Unterschläge. Querschiffs wurden sie auf den Decksplanken, aber immer über einem Balken befestigt.

Die äußere Einfassung des Decks bildete das Leibholz, eine starke, mit ihrer Außenkante gegen die Spantköpfe anliegende Planke. Durch die Verbindung mit den Decksbalken, über denen es mitunter bis 1 Zoll tief eingeschnitten war, und die Verbolzung mit den Balkwegern bildete es den Hauptverband zwischen Deck und Bordwand. Der Raum zwischen Leibholz und Außenhaut wurde durch den Schandeckel abgeschlossen, der entweder auf dem Leibholz oder mit seiner Oberkante auf gleicher Höhe mit der Oberkante des Leibholzes lag.

Da das Leibholz dicker war als die Decksplanken, hobelte man es auf der Innenseite bis auf deren Dicke ab, so daß eine Stufe, der Wasserlauf, entstand.

Das Leibholz reichte nicht bis an die Decksenden, sondern es lief vor den Enden spitz aus. Die Decksplanken wurden hier gegen die Inhölzer gefugt und die Stöße durch eine aufgesetzte Planke abgedeckt.

Die Decksplanken sollten 3 bis 5 Zoll breit und so lang wie möglich sein. Sie wurden mit Spiekern befestigt, die im Holz versenkt wurden. Die Löcher verschloß man mit entsprechenden Holzpfropfen.

Die Balk- und Bergweger wurden an den Enden durch starke, aus gewachsenem Krummholz gearbeitete Knie, die Decksbänder, zusammengehalten. Außer diesen wurden in beiden Schiffsenden meist noch mehrere solcher Bänder angebracht, deren Schenkel aber etwas nach oben liefen.

Die Decksbalken und, wenn ein festes Zwischendeck vorhanden war, auch die Zwischendecksbalken wurden durch horizontale und vertikale Knie gesichert. Die vertikalen Knie waren oft, bei großen Schiffen fast immer, aus Eisen und wurden so angesetzt, daß der nach unten weisende Schenkel im Vorderteil des Schiffes schräg nach vorn, im Hinterteil schräg nach hinten wies. Die eisernen Knie des Decks reichten bis zum Zwischendeck, die des Zwischendecks bis zur Kimm oder noch etwas weiter hinunter. Die Schräge wurde meist so gewählt, daß das untere Ende unter dem übernächsten Balken lag.

Große Schiffe verstärkte man noch durch eiserne Diagonalbänder, die unter der Wegerung etwa bis zur Hälfte ihrer Dicke in die Spanten eingelassen wurden. Bei sehr großen Schiffen brachte man gleiche Bänder auf der Außenkante der Spanten unter der Außenhaut an. Diese erhielten entgegengesetzte Neigung und wurden vollständig in die Spanten eingelassen.

Die Takelage

Während bei kleinen Fahrzeugen normalerweise jedes Holzteil aus einem Stück gearbeitet wurde, mußte man bei größeren die Hauptteile aus Einzelteilen zusammensetzen. Die Entwicklung der verschiedenen Methoden hierzu begann schon im 17. Jahrhundert, oder auch noch früher, und war im 18. Jahrhundert im wesentlichen abgeschlossen. Eine nähere Beschreibung geht über das hier Mögliche weit hinaus. Nur soviel soll gesagt werden, daß es die auf amerikanischen Werften im 19. Jahrhundert meist angewandte Methode für den Bau der Untermasten war, daß 3 Teile miteinander verbolzt und dann abgerundet wurden. Durch aufgetriebene Eisenbänder wurde das Ganze dann noch gesichert.

Von den 3 Teilen mußte das mittlere in seiner Breite der Mastdicke längsschiffs entsprechen. Die Dicke aller 3 Teile ergab dann die oft um einige Zoll geringere Mastdicke querschiffs.

Bis 1820 und auch noch danach wurde Hanftauwerk verwendet. Die Racks der Rahen, die Klauen der Gaffeln und Bäume und alle Beschläge glichen denen des 18. Jahrhunderts. Um 1830 wurden dann verschiedene Neuerungen eingeführt, wie beispielsweise die Jackstage auf den Rahen zur Befestigung der Segel, eiserne Nockbänder mit fest angeschmiedeten Augen und eiserne Bänder am Bugspriet für die Wasser- und Bugstage. Für die Hanger der Unterrahen, die Marsrahdrehreeps, die Marssegelschoten, die Wasserstage, Bugstage und Stampfstockgeien verwendete man Ketten, und die Bugsprietzurring wurde ebenfalls aus Ketten oder aus Eisenbändern hergestellt. Für die Mars- und Bramrahen kamen die Tonnenracks zur Anwendung.

Um 1840 schließlich wurden auch für die Bramsegelschoten Ketten benutzt, und das bis dahin nur auf einigen britischen Schiffen verwendete stehende Gut aus Stahldrahttauwerk setzte sich mehr und mehr durch. Für die Unterrahen wurden die eisernen Bügelracks eingeführt, die ein schärferes Anbrassen der Rahen ermöglichten. Die Püttingswanten führte man auf einen Eisenring am Mast bzw. der Stenge und ersetzte sie schließlich durch Ketten oder Eisenstangen.

Auf amerikanischen Schiffen kam das Bagiensegel zur Anwendung, und die bis dahin meist sehr breiten Rüsten wurden durch schmale, oft dafür aber doppelte ersetzt. Auf den kleinen Baltimore-Klippern hatte man teilweise schon um 1820 die Rüsten innen am Schanzkleid angebracht und nur die Rüsteisen durch das Schanzkleid nach außen geführt.

Bulins zum Steifsetzen der Luvlieken wurden nach 1840 fast nur noch an den Untersegeln gefahren und fielen um 1857 ganz weg. Der Schnitt der Klippersegel bewirkte, daß alle Segel steif wie Bretter standen. Die Bulins waren deshalb überflüssig.

Das Bagiensegel wurde nun ebenfalls fast überall eingeführt. 1853 entwickelte Kapitän Howes aus Brewster (Mass.) die geteilten Marssegel (Ober- und Untermarssegel).

Von England aus wurde um 1866 die Teilung der Bramsegel eingeführt. Um diese Zeit kamen auch die Ausleger an der Bramsaling zum Ausspreizen der Bram- und

Royalpardunen in Gebrauch. Die Eselshäupter, die Marsen und die Bramsalinge wurden nun überwiegend aus Eisen hergestellt, es wurden auch die ersten Versuche mit eisernen Untermasten gemacht.

Die 1869 gebaute PATRIARCH der Aberdeen White Star Line trug erstmalig Untermasten und Marsstengen, die aus Stahlrohr in einem Stück gefertigt waren.

Das ist jedoch schon der Übergang zur Entwicklung der eisernen Großsegler, die dann noch für einige Jahrzehnte der immer stärkeren Konkurrenz der Dampfer trotzten.

Auf weitere Einzelheiten der Takelage, wie Form- und Abmessungen der Rundhölzer, Bestimmung des Tauwerks usw., kann hier wegen des viel zu großen Umfangs dieses Gebietes leider nicht näher eingegangen werden. Das muß einer eventuellen späteren Veröffentlichung, die nur diesem Thema gewidmet wäre, vorbehalten bleiben. Vorerst bleibt nur der Hinweis auf die im Literaturverzeichnis angeführten Werke von C. F. Steinhaus, F. L. Middendorf und Orazio Curti, die aber sicher nicht jedem zugängig sind.

Einsatz und Eigenschaften der Klipper

Ihrer Größe und Gestaltung nach waren die frühen Klipper genau wie die französischen Lugger der gleichen Zeit ausgesprochene Küstensegler. Dementsprechend war ihre Verwendung zunächst auch auf den Küstenhandel der kleinen Fahrt, den Wach- und Zolldienst, den Lotsendienst, den Schmuggel und teilweise auch die Küstenfischerei beschränkt. Sie zeigten sich dabei so seetüchtig, daß die Fahrten immer weiter ausgedehnt werden konnten. Im Unabhängigkeitskrieg der damaligen britischen Kolonie Neu-England schließ-

lich bewährte sich eine Reihe solcher Fahrzeuge als Kriegs- und Kaperschiffe sogar bei transatlantischen Einsätzen, später unternahm man mit ihnen auch weltweite Reisen.

Ihre Querstabilität war wegen ihrer Spantform und der davon abhängigen Schwerpunktlage recht groß. Das Reservedeplacement ebenfalls. So konnten Segelflächen gefahren werden, die bei so kleinen Fahrzeugen zunächst viel zu groß erscheinen. Gut aufeinander abgestimmte Flächengrößen der einzelnen Segel und eine günstige Verteilung der Einzelflächen ermöglichten es, daß mit sehr kleinen Besatzungen stets die den Wind- und Seegangsverhältnissen entsprechenden maximalen Segelflächen gefahren werden konnten. Bei Windstärke 6 bis 7 trugen diese Fahrzeuge meist noch Vollzeug und einige Zusatzsegel und erreichten 8 bis 9, manchmal auch 10 Knoten (Seemeilen/Stunde) oder noch etwas mehr. Bei Windstärken zwischen 8 und 10 mußten dann zwar die Flächen verkleinert werden, aber die Geschwindigkeiten blieben etwa gleich. Erst bei Windstärken über 10 mußte so weit gerefft werden, daß sich die Geschwindigkeiten verringerten.

Das gilt jedoch nur für die Fälle, in denen Kurs und Windrichtung einigermaßen günstig zueinander lagen und die See nicht zu grob war. Ungünstige Windrichtungen und zu grobe See konnten früheres Segelbergen und unter Umständen sogar Beidrehen erzwingen.

In ihrer Form und Größe waren diese Fahrzeuge ihrem Fahrtbereich hervorragend angepaßt. Wegen ihrer geringen Länge waren sie in der Lage, auf den oft recht kurzen und steilen Seen der Küstenregion zu reiten. Die schlanken Schiffsenden verhinderten ein hartes Anbolzen gegen auflaufende Seen. Die Stampfbewegungen wurden dadurch viel weicher als bei Schiffen mit breiten, runden Enden und Verbände und Takelage weniger durch Stöße belastet. So konnte man die Takelage trotz ihrer Größe etwas leichter ausführen, was andererseits wiederum die großen Segelflächen möglich machte.

Nachteilig im Seeverhalten waren allerdings die recht steilen Steven. Sie vergrößerten zwar die Lateralplanfläche und damit die Kursstabilität beim Segeln, beeinträchtigten aber die Längsstabilität. Die Deplacementsvergrößerung der in auflaufende Seen einsetzenden Schiffsenden mit ihren meist bis in Deckshöhe sehr schlanken Linien war oft so gering, daß die Fahrzeuge zum Unterschneiden neigten. Das heißt, sie nahmen leicht Wasser über und kamen dadurch bei achterlichem Wind in Gefahr, ganz unter Wasser gedrückt zu werden. Um diese Gefahr zu mindern, versah man die Fahrzeuge meist mit reichlich Freibord und Decksprung.

Die nach 1810 aus diesem Typ entwickelten Baltimore-Klipper wurden im wesentlichen für die gleichen Zwecke eingesetzt, doch reichten ihre Küstenfahrten häufig bis in den Golf von Mexiko und auch bis nach Brasilien. Der Sklavenhandel, und damit die Fahrten an die Westküste Afrikas, kam als neue Aufgabe hinzu, schließlich auch noch der Opiumhandel und -schmuggel im ostasiatischen Bereich.

Obwohl ihre Größe im wesentlichen mit dem älteren Klippertyp übereinstimmte, trugen sie noch größere Segelflächen. Sie hatten eine größere Querstabilität und mit ihren stark ausfallenden Steven auch eine viel bessere Längsstabilität. Wegen der Deplacementszunahme der eintauchenden Enden bei ebenfalls sehr schlanken Linien setzten sie sehr weich in auflaufende Seen ein, bremsten diese Bewegung aber schneller und trotzdem sanft ab. Cutler schreibt, daß diese Fahrzeuge »mostly under water« segelten, was aber wohl mehr auf die Art zurückzuführen ist, wie sie bei jedem Wet-

ter durch die See geknüppelt wurden. Wenn sie vernünftig gesegelt wurden, nahmen sie nur selten und wenig Wasser über und zeigten trotz ihrer großen Segelflächen keine Neigung zum Unterschneiden. Sie waren der erste hochseetüchtige Segelschiffstyp, bei dem der Bug deutlich höher über der KWL lag als das Heck.

Unter gleichen Bedingungen waren diese Fahrzeuge meist noch um einige Knoten schneller als der ältere Typ und dabei infolge des durch die stark ausfallenden Steven verkürzt erscheinenden Unterwasserschiffes bedeutend wendiger, ohne daß die Kursstabilität spürbar litt. Alles in allem ein nahezu universeller Schiffstyp für den Küstenbereich, bei dem alle günstigen Eigenschaften einen Höchstwert erreicht hatten und alle negativen Eigenschaften auf ein Minimum beschränkt erschienen. Die späteren sogenannten »dänischen Jachtschoner« und »Jachtgaleassen« des Ostseeraumes waren diesen Fahrzeugen in der Form verwandt.

Mit der ständig zunehmenden Größe der Schiffe, der Ausdehnung der Fahrten und der Forderung nach schnellerer Fracht- und vor allem Passagierbeförderung wurden die Entwicklung und der Einsatz der von Anfang an als Langreiseschiffe, als sogenannte »Tiefwassersegler«, konzipierten extremen Klipper vorbereitet.

Die überaus schlanken Enden dieser Schiffe hatten die gleichen negativen Eigenschaften zur Folge, wie sie bei den kleinen frühen Klippern zu verzeichnen waren. Durch den im oberen Teil stark nach vorn ausfallenden Bug und ein im Überwasserbereich nicht zu schlankes und leichtes Heck wurde jedoch die Gefahr des Unterschneidens vermindert. Die Bedingungen des Fahrtbereiches dieser Schiffe, der hohen See, waren andere als die für die kleineren Küstenfahrzeuge. Die zumeist lange, rollende Dünung mit Wellen, die ein Vielfaches ihrer Höhe lang sind, verursachte bei gut getrimmten Schiffen keine so harten Bewegungen wie der Seegang im Küstenbereich, wo die Wellenhöhe zwar geringer, die Wellenform aber steiler ist.

In der Mehrzahl der Fälle konnten diese Schiffe auf der Ozeandünung reiten, während sie die kürzeren Seen der Küstenregionen durch ihre große Länge überbrückten. Das, zusammen mit dem entsprechend großen Freibord, den diese Schiffe hatten, hielt das Überkommen von Seen meist in vertretbaren Grenzen.

Die Geschwindigkeiten dieser Schiffe lagen noch höher, weil sie noch schlanker gehalten waren als die kleineren Typen (»Länge läuft!«) und unwahrscheinlich viel Segeltuch trugen. Bei günstigen Wind- und Seegangsverhältnissen liefen sie oft längere Zeit mit 14 bis 15 Knoten, erreichten wohl auch 16 oder 17 Knoten. Schiffe, die Rekordetmale segelten, müssen sogar 20 bis 22 Knoten erreicht haben.

Bei derartig harter Segelei, bei der die Takelage bis zur äußersten Grenze ihrer Festigkeit belastet wurde, kam es nicht selten zu schweren Havarien. Viele Schiffe konnten danach nur mit Mühe noch einen Nothafen anlaufen, andere blieben für immer verschollen. Sie waren entweder nach Verlust der gesamten Takelage als manövrierunfähige Wracks von der See zerschlagen worden und gesunken oder durch Unterschneiden infolge zu großen Segeldrucks »mit Vollzeug auf den Grund gesegelt«.

Zur Manövrierfähigkeit im allgemeinen muß noch gesagt werden, daß sich Segler aller Arten ganz anders verhalten als maschinengetriebene Schiffe. Sie manövrieren nicht nur mit dem Ruder, sondern auch mit den Segeln. So wird für eine Drehung vor dem Wind, eine Halse, bei der das Schiff in Fahrt bleibt, ausreichend freier Raum nach Lee benötigt, während bei der Wende, also wenn das Schiff durch den Wind dreht und

dabei seine Fahrt fast ganz verliert, die Drehung auf sehr engem Raum erfolgt. Die Wende ist jedoch nur dann ausführbar, wenn das Schiff beim Einleiten des Manövers noch genügend Fahrt hat, um die Drehung zu vollenden. Für ganz oder überwiegend mit Schratsegeln (Segel, die in der Grundstellung längsschiffs stehen, wie Gaffelsegel, Stagsegel usw.) ausgerüstete Schiffe ist eine Wende meist leichter auszuführen als für Rahsegler.

Die Fig. 9 soll die Möglichkeiten des Weggewinns eines Seglers beim Kreuzen verdeutlichen. Theoretisch kann ein Rahschiff bis zu 2 Strich (22,5°) gegen den Wind anhalten. Das heißt, daß der Kiel mit der Windrichtung einen Winkel von 67,5° bilden kann (theoretischer Kurs). Durch den seitlichen Winddruck wird das Schiff jedoch etwas nach Lee versetzt. Der wahre Kurs (Weg über Grund) verläuft also nicht in Kiellängsrichtung, sondern bildet einen noch größeren Winkel mit der Windrichtung.

Um für eine Wende genügend Fahrt zu haben (bei zuwenig Fahrt kann das Manöver mißlingen), läßt man das Schiff meist um etwa 1 Strich (11,25°) abfallen. Die Wende selbst ist dann fast eine Drehung am Ort.

Ist das Schiff durch den Wind gedreht, muß es erst noch etwas abhalten, einerseits um wieder Fahrt zu gewinnen, andererseits weil die Segel für den neuen Kurs erst wieder getrimmt werden müssen. Bei genügend freiem Seeraum wird mit möglichst langen Schlägen gekreuzt. Deshalb kann man nach der Wende wieder so hoch wie möglich an den Wind gehen. Wenn jedoch auf beengtem Fahrwasser mit kurzen Schlägen gekreuzt werden muß, ist es besser, gleich etwas weiter abzuhalten, um für die nächste Wende genügend Fahrt zu bekommen. Der Verlauf der Kurse auf Fig. 9a zeigt, daß dabei nur eine geringe Wegstrecke luv-

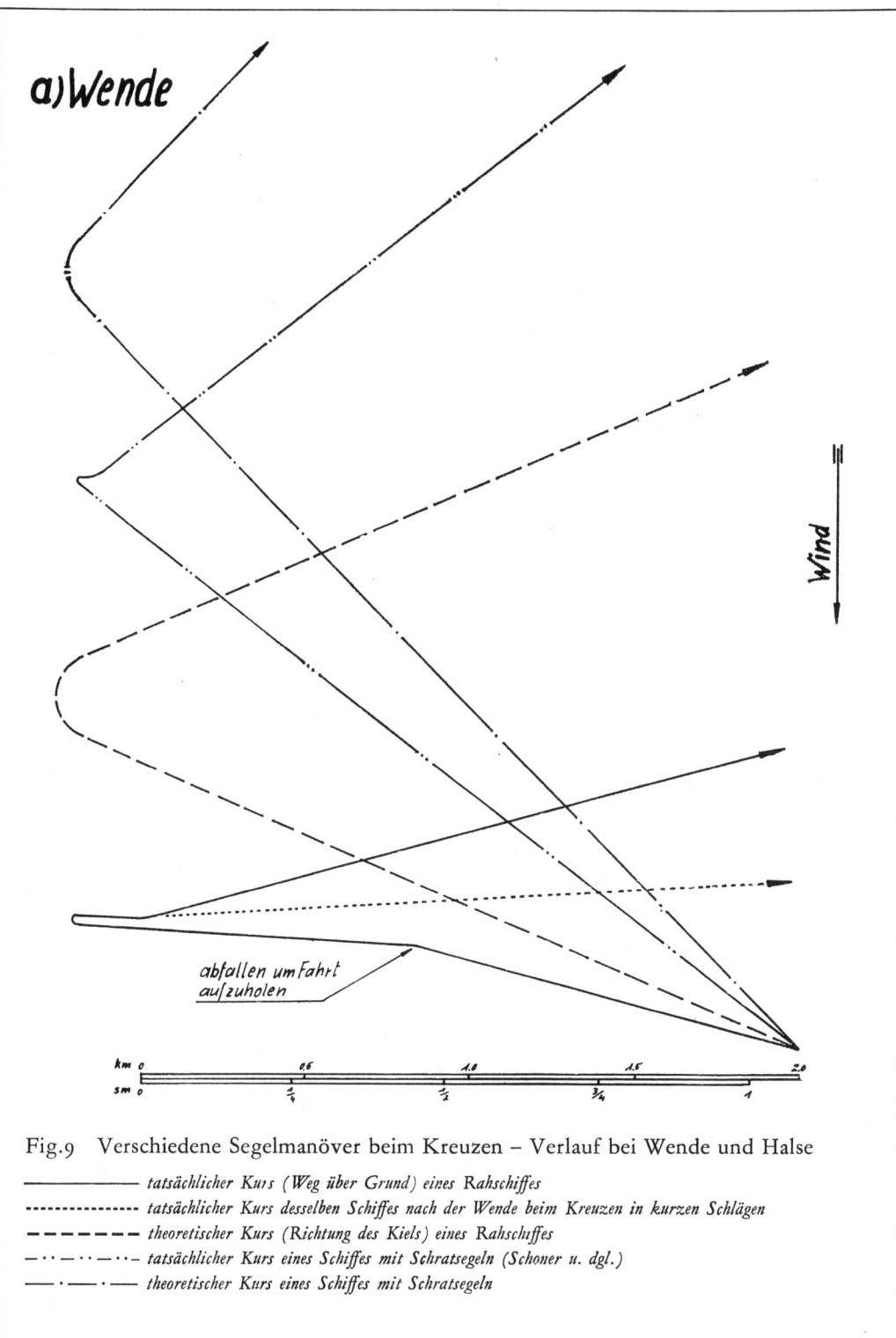

a) Wende

Wind

abfallen um Fahrt
aufzuholen

| km | 0 | | 0.5 | | 1.0 | | 1.5 | | 2.0 |
| sm | 0 | | ¼ | | ½ | | ¾ | | 1 |

Fig.9   Verschiedene Segelmanöver beim Kreuzen – Verlauf bei Wende und Halse

——————— *tatsächlicher Kurs (Weg über Grund) eines Rahschiffes*

·················· *tatsächlicher Kurs desselben Schiffes nach der Wende beim Kreuzen in kurzen Schlägen*

– – – – – – *theoretischer Kurs (Richtung des Kiels) eines Rahschiffes*

–·–··–··– *tatsächlicher Kurs eines Schiffes mit Schratsegeln (Schoner u. dgl.)*

–·–·–·– *theoretischer Kurs eines Schiffes mit Schratsegeln*

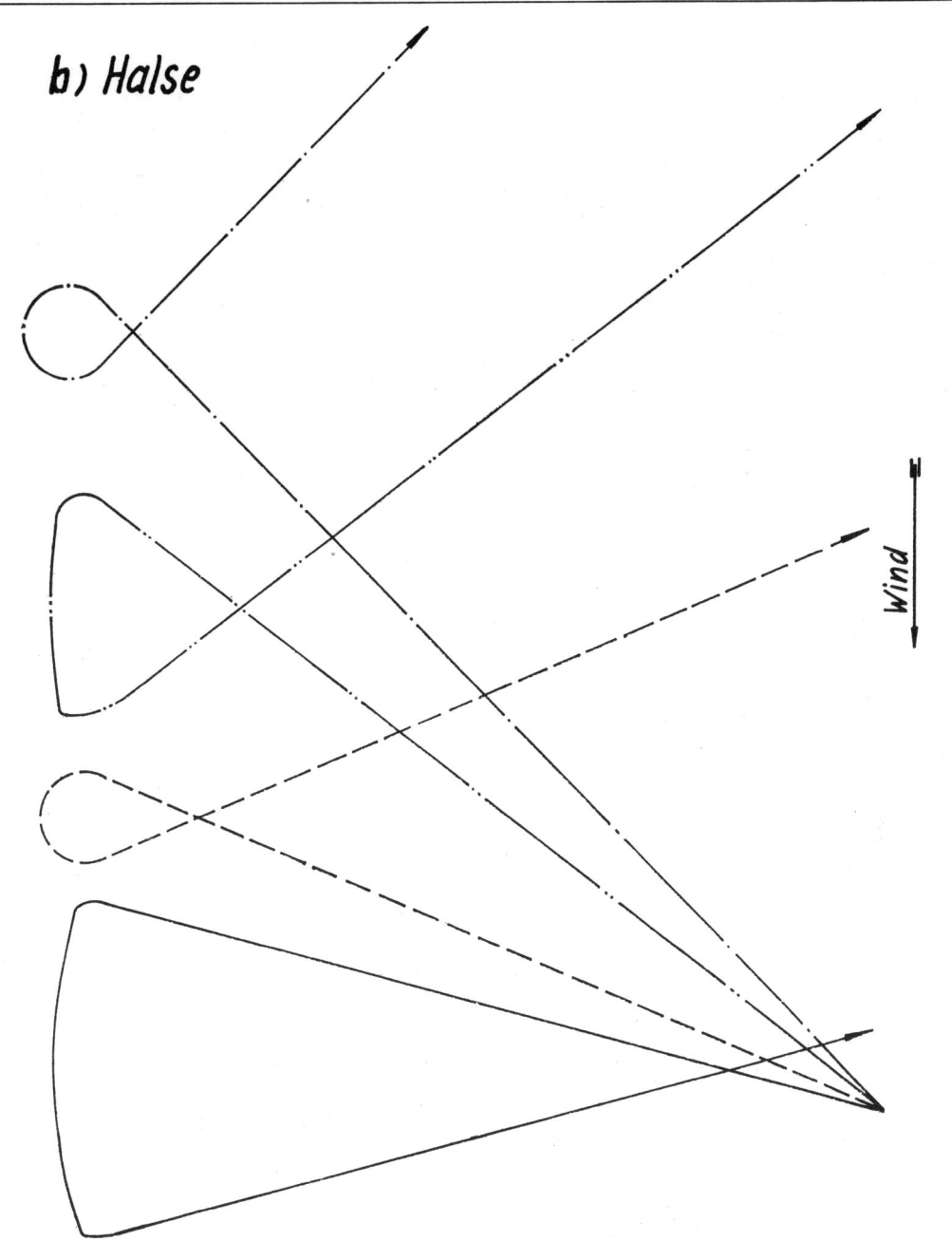

b) Halse

Wind

Die hier angegebenen tatsächlichen Kurse und die Entfernungen treffen nur für ein bestimmtes Schiff bei einer bestimmten Windstärke und in völlig stromfreiem Wasser zu, sind also keine absoluten, für jedes Schiff in ähnlicher Situation gültigen Werte. Sie können jedoch als ungefähre Mittelwerte für klipperartig gebaute Schiffe mittlerer Größe bei Windstärke 5 bis 6 angenommen werden.

wärts gewonnen wird und daß schon eine schwache, mit dem Winde setzende Strömung genügt, um jeden Weggewinn unmöglich zu machen.

Wenn das Schiff nicht genügend Fahrt gewinnen kann, um sicher zu wenden, die Drehung auf den anderen Bug aber notwendig ist, bleibt nur die Halse. Dabei fällt das Schiff vom Winde ab, geht vor den Wind und luvt über den anderen Bug wieder an. Da beim Abfallen die Geschwindigkeit zunimmt, aber doch eine gewisse Zeit vergeht, bevor das Schiff wieder anluvt, ergibt sich ein recht weiter Bogen nach Lee. Beim Halsen geht also immer ein Teil des gewonnenen Weges wieder verloren, und bei zu kurzen Schlägen ist auch ohne Stromversetzung kein Weggewinn möglich.

Schoner und andere Schiffe, die hauptsächlich Schratsegel tragen, sind beim Kreuzen im Vorteil, weil sie bis zu 4 Strich (45°) an den Wind gehen können. Wie ebenfalls aus Fig. 9 zu entnehmen ist, erzielen sie trotz Abdrift einen größeren Weggewinn und fallen selbst bei einer Halse nicht so weit zurück wie Rahschiffe.

So ist es beispielsweise fast unmöglich, mit einem Rahsegler gegen einen steifen West- bis Südwestwind aus der Nordsee in den Kanal hineinzukreuzen. Das schmale Fahrwasser an dieser Stelle erlaubt es nicht, genügend Fahrt für eine Wende aufzuholen, bei einer Halse aber geht die beim Aufkreuzen gewonnene Strecke meist wieder verloren. Die zusätzliche Versetzung des Schiffes durch die an dieser Stelle sehr starken Strömungen tut ein übriges, so daß das Schiff mitunter mehrere Tage an dieser Stelle kreuzen muß, ohne wirklich vom Fleck zu kommen. Das andere Extrem ist, daß man bei günstigen Wind- und Stromverhältnissen selbst große Segler ohne Schlepperhilfe durch enge und gewundene Passagen bringen kann, in denen der für Drehungen verfügbare Raum mitunter

nicht mehr als 1,5- bis 2mal so groß ist wie die Schiffslänge.

Aus den Rissen der Schiffe kann man ihre hauptsächlichen Eigenschaften ermitteln und Rückschlüsse auf ihr Verhalten im Seegang, ihre Geschwindigkeiten und Manövriereigenschaften ziehen. Die verschiedenen für solche Untersuchungen wichtigen Schwerpunkte der Formen lassen sich rechnerisch einwandfrei bestimmen, während das Problem der Ermittlung der Masse von Holzschiffen und der Massenschwerpunkte bis zum Ende des Segelschiffbaues nicht völlig gelöst werden konnte.

Auf die Berechnung der Formschwerpunkte und anderer Werte soll hier nicht näher eingegangen werden. Es gibt genügend Fachliteratur darüber. Hier sollen nur einige Angaben gemacht werden, die in der heutigen Fachliteratur nicht mehr enthalten sind.

C.F. Steinhaus gibt (1859) an, daß der Schwerpunkt des Deplacements bei auf ebenem Kiel oder mit sehr geringer Steuerlastigkeit schwimmenden Schiffen um 1 bis 2,4 % der Länge der KWL vor deren Mitte und 32 bis 42 % des Tiefgangs bis Oberkante Kiel unter der KWL liegen soll. Bei Schiffen mit größerer Steuerlastigkeit kann dieser Punkt jedoch bis zu 7 % der Länge der KWL hinter deren Mitte liegen. Der Massenschwerpunkt des Schiffes mit Takelage und Ladung soll bei

- scharfgebauten Schiffen   etwa 25,0 %
- mittelscharfen Schiffen   etwa 28,6 %
- mittelscharfen, flachgehenden Schiffen

                etwa 33,3 %
- völligen, flachgehenden Schiffen

                etwa 20,0 %
des Abstandes des Deplacementsschwerpunktes zur KWL unter der KWL liegen. Das Metazentrum soll normalerweise etwa 2 bis 3 Fuß über der KWL liegen. Bei extremen Klippern wurden jedoch häufig nur 1 bis 2 Fuß erreicht.

Die der Berechnung zugrunde zu legende Konstruktionstragfähigkeit soll 75 % der Maximaltragfähigkeit betragen. Dieser Wert ist dann gleichzusetzen:

$^5/_9$ des Deplacements auf Außenhaut bei Schiffen aus Eichenholz,

$^2/_3$ des Deplacements auf Außenhaut bei Schiffen aus Kiefernholz oder Eisen.

Für alle anderen Berechnungen wird das Deplacement auf Mallkante Spant benutzt. Um das Deplacement auf Außenhaut zu erhalten, muß man dem Deplacement auf Mallkante Spant folgende Anteile seiner Größe zuschlagen:

bei Eichenholz   bei Kiefer oder Eisen
- für Schiff und große Bark
  5,5 bis 6,3 %   6,7 bis 7,5 %
- für kleine Bark oder Brigg
  5,9 bis 6,7 %   7,1 bis 8,0 %
- für Schoner
  6,3 bis 7,1 %   7,5 bis 8,6 %
- für Schlup und Jacht
  6,7 bis 8,3 %   8,0 bis 10,9 %
- für kleinere Fahrzeuge
  7,7 bis 9,1 %   8,6 bis 12,0 %

Die Seitenhöhe von Oberkante Kiel bis Unterkante Deck soll das 1,5fache des Konstruktionstiefganges und der Mindestfreibord bei Ausnutzung der Maximaltragfähigkeit 25 % der Raumtiefe von Oberkante Bodenwegerung bis Unterkante Deck betragen.

Der gemeinsame Schwerpunkt aller für die Berechnung verwendeten Segelflächen soll bei
- Schiffen und Barken   3,1 bis 3,7 %
- Briggs   2,5 bis 3,3 %
der Länge der KWL vor dem Deplacementschwerpunkt liegen. Bei Schonern kann er zwischen 2,2 % der Länge der KWL vor

bis 2 % der Länge der KWL hinter diesem Punkt liegen.

Von Steinhaus wurden dabei alle Maße in Fuß und Zoll und das Deplacement in Kubikfuß bzw. tons zu je 40 Kubikfuß angegeben. Die Masseangaben erfolgten in Pfund, wobei für Hamburger Maß und Gewicht rund 50 Pfund für 1 Kubikfuß Seewasser genommen wurden.

Middendorf gibt (1903) für eiserne und stählerne Segler an, daß der Massenschwerpunkt des voll ausgerüsteten, aber unbeladenen Schiffes bei etwa 82 % der Seitenhöhe von Oberkante Kiel bis Unterkante Hauptdeck über Oberkante Kiel liegen soll. Aus der Tragfähigkeit des Schiffes und der Form und der Größe des Laderaumes ergibt sich dann die Lage des Schwerpunktes der Ladung, die so angenommen wird, daß sie bei Ausnutzung der Tragfähigkeit den vorhandenen Raum ausfüllt. Durch andere Ladungen bedingte Abweichungen müssen durch entsprechende Stauung, evtl. in Verbindung mit zusätzlichem Ballast, ausgeglichen werden. Wenn dann die Produkte aus den Massen und ihren Schwerpunktabständen über Oberkante Kiel addiert und die Summe durch die Gesamtmasse dividiert wird, erhält man den Abstand des Gesamt-Massenschwerpunktes über Oberkante Kiel (Satz von Steiner).

Die Massen für Eisen- und Stahlschiffe kann man bei Middendorf mit hinreichender Genauigkeit aus Tafeln und Tabellen ermitteln. Für Holzschiffe bleibt außer dem bei Steinhaus zitierten Grobüberschlag nur die Ausführung der Konstruktion bis in alle Einzelheiten und danach das Ermitteln der Massen der einzelnen Bauteile. Da sich jedoch die Masse von Holzteilen mit ihrem Feuchtigkeitsgehalt ändert, ist das Ergebnis einer solchen Arbeit ebenfalls stets ungenau.

Übersicht der Hauptbauteile der SOVEREIGN OF THE SEAS

	Breite (Fuß—Zoll)	Höhe (Fuß—Zoll) (bzw. Dicke)
Kiel mit Loskiel	1—4	2—8
davon Kiel	1—4	1—11
Loskiel	1—4	0—9
Kielschwein (4 Lagen)	3—3$^1/_2$	4—7
unterste Lage	2—10	1—0$^1/_2$
2. Lage	3—3$^1/_2$	1—0$^1/_2$
3. Lage	2—7$^1/_2$	1—3$^3/_4$
4. Lage	1—3	1—2$^1/_4$

Die 1. und 2. Lage bestehen aus je 3 Balken,
die 3. Lage aus 2 und die 4. Lage aus einem
Balken.

Balkenbreiten: 1. Lage	2 × 0—11	
	1 × 1—0	
2. Lage	2 × 1—0	
	1 × 1—3$^1/_2$	
3. Lage	2 × 1—3$^3/_4$	
4. Lage	1 × 1—2$^1/_4$	

Bauteil	Breite	Höhe
Bodenwrangen (Lieger)	1—7	1—8
Abstand	0—11	
Sitzer	1—7	1—8
Auflanger unten	1—7	1—3$^3/_4$
oben	1—7	0—8
Deckbalken Oberdeck	1—2	0—10
Hauptdeck (2. Deck)	1—4	1—0
Zwischendeck	1—2	0—10
Abstand	3—0	
Raumbalken	1—4	1—0
Abstand	7—4	
Balkweger Oberdeck	1—0	1—0
Hauptdeck	1—0	1—0
Zwischendeck	1—0	0—11
Raumbalken	1—1	1—0
Unterbalkweger		
Oberdeck	1—0	0—10
Hauptdeck	1—0	0—10
Zwischendeck	0—10	0—8
Raumbalken	1—0	0—10

	Breite (Fuß—Zoll)	Höhe (Fuß—Zoll) (bzw. Dicke)
Steifen unter den Raum- und Zwischendeckbalken	0—8	0—10
Steifen unter dem Hauptdeck	0—10	0—10
Steifen unter dem Oberdeck (Minimalquerschnitt)	0—4	0—4
Knie unter den Balken und an den Steifen		0—9$\frac{1}{2}$
Raumweger		0—4
Kimm- und Bodenweger		0—8
(doppelt verlegt aus Planken 0—4)		
Stringer unter den seitlichen Steifen der Raumbalken	2—0	0—10
(je 2 Lagen 1—0)		
Bodenplanken		0—6
Kimmplanken		0—8$\frac{1}{4}$
Seitenplanken unten		0—6
oben		0—4$\frac{3}{4}$
Schandeckel	1—6	0—4
Wassergang		
Oberdeck	1—3$\frac{3}{4}$	0—10
Hauptdeck	1—7$\frac{3}{4}$	0—11
Zwischendeck	1—5$\frac{3}{4}$	0—8
Deckbeplankung		
Oberdeck		0—3
Hauptdeck		0—4
Zwischendeck		0—2$\frac{1}{2}$

Übersicht der Hauptteile der Takelage der SOVEREIGN OF THE SEAS

Masten	Großmast	Fockmast	Besanmast
Länge von Kielsponung bis Oberkante Topp	103′—3″	101′—0″	92′—7″
Topplänge	11′—8″	11′—8″	10′—1$^1/_2$″
Durchmesser im Deck	3′—0″	2′—11$^1/_4$″	2′—4$^1/_4$″
unter der Saling	2′—8$^1/_4$″	2′—7$^1/_2$″	2′—1$^1/_2$″
am Topp	2′—0″	1′—11$^1/_2$″	1′—6$^3/_4$″
am Fuß	2′—6″	2′—5″	1′—11$^1/_2$″

Marsstengen	Großstenge	Vorstenge	Kreuzstenge
Länge von Unterkante Saling bis Oberkante Topp	46′—7″	44′—10$^1/_2$″	38′—6″
Topplänge	7′—3″	7′—0″	6′—0″
Durchmesser im Eselshaupt	1′—5$^3/_4$″	1′—5$^1/_2$″	1′—2$^1/_4$″
unter der Saling	1′—5″	1′—4$^3/_4$″	1′—1$^1/_2$″
am Topp	1′—0$^1/_2$″	1′—0$^1/_4$″	0′—10″

Bramstengen	Großbram- stenge	Vorbram- stenge	Kreuzbram- stenge
Länge von Unterkante Saling bis 1. Absatz	28′—6″	27′—6″	22′—10″
1. bis 2. Absatz	18′—6″	17′—10$^1/_2$″	14′—8″
2. bis 3. Absatz	13′—10″	13′—5″	10′—10″
Flaggenstenge	6′—0″	6′—0″	6′—0″
Durchmesser im Eselshaupt	0′—11$^3/_4$″	0′—11$^1/_2$″	0′—9$^1/_2$″
unter 1. Absatz	0′—11$^1/_2$″	0′—11$^1/_4$″	0′—9$^1/_4$″
über 1. Absatz	0′—10″	0′—9$^3/_4$″	0′—8″
unter 2. Absatz	0′—9$^1/_2$″	0′—9$^1/_4$″	0′—7$^1/_2$″
über 2. Absatz	0′—8$^1/_2$″	0′—8$^1/_4$″	0′—6$^3/_4$″
unter 3. Absatz	0′—7$^1/_2$″	0′—7$^1/_4$″	0′—6″
über 3. Absatz	0′—5$^1/_4$″	0′—5″	0′—4$^1/_4$″
am Topp	0′—3″	0′—2$^3/_4$″	0′—2$^1/_4$″

Marse	Großmars	Vormars	Kreuzmars
Breite	13′—0$\frac{1}{2}$″	12′—7″	10′—9$\frac{1}{2}$″
Länge	7′—10″	7′—6$\frac{1}{2}$″	6′—5$\frac{1}{2}$″
Marsrand breit	0′—9$\frac{1}{2}$″	0′—9$\frac{1}{2}$″	0′—8″
dick	0′—2$\frac{1}{2}$″	0′—2$\frac{1}{2}$″	0′—2″
Längssalinge hoch	1′—2″	1′—2″	0′—10$\frac{1}{4}$″
breit	0′—6$\frac{3}{4}$″	0′—6$\frac{3}{4}$″	0′—5$\frac{1}{2}$″
Quersalinge hoch	0′—7$\frac{1}{2}$″	0′—7$\frac{1}{2}$″	0′—6″
breit	0′—9″	0′—9″	0′—7″

Bramsalinge	Großbram	Vorbram	Kreuzbram
Quersalinge lang	8′—6$\frac{3}{4}$″	8′—3″	6′—10$\frac{1}{4}$″
breit	0′—6″	0′—6″	0′—4$\frac{3}{4}$″
hoch	0′—5$\frac{1}{4}$″	0′—5$\frac{1}{4}$″	0′—4″
Längssalinge lang	4′—3″	4′—1$\frac{1}{4}$″	3′—5$\frac{1}{2}$″
breit	0′—2$\frac{1}{4}$″	0′—2″	0′—1$\frac{1}{2}$″
hoch	0′—8$\frac{1}{4}$″	0′—8″	0′—6$\frac{3}{4}$″

Eselshäupter	Großtopp	Vortopp	Besantopp
Länge	4′—6$\frac{1}{4}$″	4′—6″	3′—7$\frac{3}{4}$″
Breite	2′—5$\frac{1}{2}$″	2′—5″	1′—11$\frac{1}{4}$″
Höhe	1′—2$\frac{1}{4}$″	1′—2″	0′—11$\frac{1}{2}$″

Brameselshäupter	Großstenge-topp	Vorstenge-topp	Kreuzstenge-topp
Länge	2′—11″	2′—11″	2′—4$\frac{3}{4}$″
Breite	1′—7$\frac{3}{4}$″	1′—7$\frac{3}{4}$″	1′—3$\frac{3}{4}$″
Höhe	0′—9$\frac{1}{2}$″	0′—9$\frac{1}{2}$″	0′—7$\frac{1}{2}$″

Bugspriet und Klüverbaum	Bugspriet	Klüverbaum	Außenklüverbaum
Länge vor dem vorderen Lot bzw. dem Eselshaupt	45′—3$\frac{1}{4}$″	29′—2$\frac{1}{2}$″	

Gesamtlänge	53'—5 3/4"	54'—5 1/2"	19'—4 1/4"
Länge der Nock			3'—3 1/2"
Durchmesser am Steven bzw. im Eselshaupt	2'—2"	1'—6"	
am Innenende	1'—7 1/2"	1'—4 1/4"	
am Außenende	1'—8 1/2"		
am 1. Absatz innen		1'—6"	
am 1. Absatz außen		1'—4 1/4"	
am 2. Absatz innen		0'—11 1/2"	
am 2. Absatz außen		0'—9 3/4"	
an der Nock		0'—8"	

Bugsprieteselshaupt

Länge	4'—7"
Breite	2'—7 1/2"
Höhe	1'—3 3/4"

Stampfstock

Länge	11'—5 3/4"
Durchmesser in der Mitte	0'—7 1/2"
Durchmesser an den Enden	0'—3 1/2"

Rahen	Großmast Länge	Durchm.	Fockmast Länge	Durchm.
Unterrah	107'—11"	2'—3"	96'—1 1/2"	2'—0"
Nock	4'—3"	1'—1 1/2"	4'—3"	1'—0"
Marsrah	85'—11 1/2"	1'—9 1/2"	84'—0"	1'—9"
Nock	5'—7"	0'—10 3/4"	5'—7"	0'—10 1/2"
Bramrah	59'—0 1/2"	1'—2 3/4"	57'—5"	1'—2 1/2"
Nock	3'—3 1/4"	0'—7 1/4"	3'—3 1/4"	0'—7 1/4"
Royalrah	44'—7 1/2"	0'—11 1/4"	43'—4"	0'—10 3/4"
Nock	2'—7 1/2"	0'—5 1/2"	2'—7"	0'—5 1/4"
Skyrah	37'—5"	0'—9 1/2"	36'—9"	0'—9 1/4"
Nock	2'—3 3/4"	0'—4 1/2"	2'—3"	0'—4 1/4"

	Besanmast Länge	Durchm.	
Unterrah	74'—9¹/₂"	1'—6³/₄"	Die Rahlängen sind
Nock	3'—5¹/₄"	0'—9¹/₄"	Gesamtlängen
Marsrah	59'—8¹/₂"	1'—3"	einschließlich der Nocken
Nock	3'—11¹/₄"	0'—7¹/₂"	die Nocklängen stets
Bramrah	40'—1"	0'—10¹/₄"	nur für eine Nock.
Nock	2'—0"	0'—5"	
Royalrah	30'—10"	0'—7³/₄"	
Nock	1'—9"	0'—3³/₄"	
Skyrah	25'—11"	0'—6¹/₂"	
Nock	1'—5³/₄"	0'—3¹/₄"	

Besanbaum

Länge einschließlich Klau	59'—8¹/₂"
Durhm. an der Schot	1'—2¹/₂"
an den Enden	0'—10¹/₂"

Besangaffel

Länge mit Klau und Nock	45'—3¹/₄"
Nockl̈ ge	6'—6³/₄"
Durchmesser an der Klau	0'—11³/₄"
am Absatz innen	0'—9"
am Absatz außen	0'—7³/₄"
an der Nock	0'—3¹/₂"

Jmfang des stehenden Gutes (Stahldrahttauwerk)	Großmast	Fockmast	Besanmast
Unterwanten	6¹/₂"	6¹/₂"	5"
Stage (doppelt)	6¹/₂"	6¹/₂"	5"
Stengewanten	6"	6"	4¹/₂"
Stengepardunen	6"	6"	4¹/₂"
Stengestage unten (dopp.)	5"	5"	
unten (einf.)			4"
oben (einf.)	5"		4"

Brampardunen	5″	5″	4″
Bramwanten	5″	5″	4″
Bramstage (einf.)	5″	5″	4″
Royalpardunen	4″	4″	3″
Royalstage	4″	4″	3″
Skypardunen	3″	3″	2″
Skystage	3″	3″	2″

Stehendes Gut am Bugspriet

Klüverleiter	Stahldraht	5″
Außenklüverleiter (Bramstag)	Stahldraht	5″
Wasserstag	Kette	$1^1/_4$″
Borgwasserstag	Kette	$1^1/_4$″
Klüverstampfstag	Stahldraht	5″
Außenklüverstampfstag	Stahldraht	4″
Stampfstockgeien	Kette	1″
Bugstage	Kette	$1^1/_4$″
Klüverbaumgeien	Stahldraht	4″
Vorläufer dazu	Kette	1″
Außenklüverbaumgeien	Stahldraht	3″
Vorläufer dazu	Kette	$0^3/_4$″

Die Risse des Schiffes (Längs-, Linien- und Spantenriß) wurden nach einer Kopie der vom Originalmodell im Mariners House in Boston abgenommenen Risse gezeichnet. Die Schnitte und der Takel- und Segelplan entstanden nach eingehendem Studium der im Literaturverzeichnis angegebenen Fachliteratur sowie nach Bildern. Für die Auslegung der Takelage war dabei nur die Länge des Großmastes von der Kielsponung bis zum Topp bekannt.

Die in den Rissen eingezeichnete oberste Wasserlinie ist nicht die Konstruktionswasserlinie (KWL), sondern die obere Grenze des Kupferbeschlags. Die Angabe der KWL erfolgte zur damaligen Zeit nicht so wie heute, sie war vielmehr nur eine für die Berechnung des Segelmoments und der Gesamtsegelfläche angenommene Schwimmebene. Bei vollbeladenem Schiff kann eine Schwimmebene zwischen der eingezeichneten oberen Linie und einer etwa um eine halbe Linienteilung tieferen angenommen werden, wobei eventuell noch um 1 bis 2 Fuß achterlastig getrimmt wurde. Rekordfahrten waren nur mit leichtbeladenen Schiffen möglich, wobei die Schwimmebene um eine bis eineinhalb Linienteilungen unter der oberen Linie lag. Da der Kupferbeschlag unter der Einwirkung des Seewassers innerhalb kurzer Zeit eine Oxydschicht, den bekannten leuchtend grünen Grünspan, bildete, war das Schiff bis zur angegebenen obersten Wasserlinie leuchtend grün. Die freiliegenden Holzteile darüber waren dunkel, wahrscheinlich schwarz, und die 3 Schandeckleisten weiß abgesetzt. Die Reling dürfte wie das Deck naturfarbig gewesen sein.

Die für die Berechnung maßgebende Gesamtsegelfläche umfaßt nicht alle Segel, sondern nur den Besan, das Großsegel, die Fock, alle drei Marssegel, alle drei Bramsegel und die drei Segel des Vorgeschirrs – Vorstengestagsegel, Klüver und Außenklüver. Die Lage des gemeinsamen Schwerpunktes dieser Segel ist durch einen Punkt in der Großrah gekennzeichnet.

Die Darstellung auf Tafel I könnte zu dem Schluß verleiten, daß das Schiff eine offene Reling hatte. Diese Darstellung wurde aber nur gewählt, um verschiedene Einzelheiten zu zeigen, die sonst verdeckt wären. Die Reling war verkleidet bis in Höhe des Spills, nur das letzte Stück bis zum Bug war offen. Leider konnte nicht ermittelt werden, ob die Verkleidung aus Holz oder nur aus Segeltuch bestand.

Literaturverzeichnis

Albrand, L.: Westward-ho!. Hamburg 1935

Biddlecombe, G.: The Art of Rigging.
Salem 1925
Brägelmann: Die Geschichte der
Seeschiffahrt, Teil 1. 1890
Busley, C.: Die Entwicklung des Segel-
schiffes, erläutert an 16 Modellen
des Museums zu München. Berlin 1920

Chapman, F.H. af: Architectura Navalis
Mercatoria. Stockholm 1768
Chapman, F.H. af: Tractat om Skepps-
Byggeriet. Stockholm 1775
Clark, A.H.: The Clipper Ship Era 1843 bis
1869. London 1911
Craemer, H.A.: 5000 Jahre Segelschiffe.
München/Berlin 1938
Cutler, C.C.: Greyhounds of the Sea.
New York 1930
Cutler, C.C.: Queens of the Western Ocean.

Elias, J.E.: De Vlootbauw in Neederland
1569–1655. Niederlande 1933

Fouillé, G.: Schiffe gestern und heute.
Hamburg 1962

Hagedorn, B.: Die Entwicklung der
wichtigsten Schiffstypen bis
ins 19. Jahrhundert. Berlin/Hamburg 1914
Hanke, H.: Seemann, Tod und Teufel.
Rostock 1971
Hauser, H.: Die letzten Segelschiffe.
Berlin 1931
Henriot, E.: Kurzgefaßte illustrierte
Geschichte des Schiffbaus. Rostock 1971
Henschke, W.: Schiffbautechnisches Hand-
buch. Berlin 1952
Herner, H., und K. Rusch: Die Theorie
des Schiffes, Leipzig 1952

Hobbs, E.W.: How to make Clipper Ship
Models. Glasgow 1952
Höver, O.: Von der Galiot zum Fünfmaster.
Bremen 1934
Höver, O.: Von der Kogge zum Klipper.
Hamburg 1948

Kahre, G.: Den adlanska segelsjöfartens
historia. Helsingfors 1940
Köster, A.: Modelle alter Segelschiffe.
Berlin 1926
Köster, A.: Die Blütezeit der Segelschiffahrt.
Berlin 1932

Laas, W.: Die Großen Segelschiffe.
Berlin 1908
Landström, B.: Das Schiff, Gütersloh 1961
Lubbock, B.: The Down-Easters 1869–1929.
Glasgow 1929

Middendorf, F.: Bemastung und Takelung
der Schiffe. Berlin 1903

Neukirchen, H.: Seefahrt gestern und heute.
Berlin 1971

Pâris, E.: Souvenirs de Marine.
Paris 1882–1892

Rosenberger, E.: Auf großer Fahrt.
Berlin 1899

Schlieker: Schiffe vom Altertum bis zur
Neuzeit. Hamburg-Altona 1962
Schmidt, F.: Kapitäne berichten. Berlin 1938
Steinhaus, C.F.: Die Schiffbaukunst in ihrem
ganzen Umfange. Hamburg 1858
Steinhaus, C.F.: Die Construction und
Bemastung der Segelschiffe. Hamburg 1869
Szymanski, H.: Deutsche Segelschiffe.
Berlin 1934

Abbildungen

Timm, W.: Vom Koggen zum Fünfmaster.
  Dresden 1962

Villiers, A.: The Way of a Ship.
  New York 1954
Villiers, A.: Auf blauen Tiefen.
  Hamburg 1955/München 1967
Villiers, A.: Ein Königreich für ein Schiff.
  Hamburg 1960
Villiers, A.: Rund Kap Hoorn.
  Wiesbaden 1953

Villiers, A.: Wilder Atlantik. Hamburg 1958
Vocino, M.: La Nave nel Tempo.
  Milano 1951

Ohne Verfasserangabe:
– Blut am Sternenbanner. Seesport 1954,
  Heft 21
– Auf Rekordjagd durch die Ozeane.
  Seesport 1956, Heft 10
– Cutty Sark. Modelarz 1967, Heft 1

Abb. 1   Eine Blackwall-Fregatte

Abb. 2   Schoner MARY AND FRANCIS, erbaut 1822 in Baltimore. Ein typischer Küstenschoner jener Zeit vom Baltimore-Klipper-Typ

Abb. 3   Paketschiff DUCHESSE D'ORLEANS der Union Line New York–Havre, 1832

Abb. 4 Donald McKay

Abb. 5   Kapitän Lauchlan McKay

Abb. 6   Kapitän Philip Dumaresq

Abb. 7   Kapitän Robert H.Waterman

Abb. 8   Kapitän Arthur H.Clark

Abb. 9 Paketschiff American Eagle der Griswold Black X Line; ein Vorläufer der extremen Klipper, hochbordig, bemalt und getakelt wie die Black-Ball-Liner, aber ein glattes Deck

Abb. 10   Paketschiff EMERALD aus Baltimore. Gut sind die typischen Merkmale der amerikanischen
Paketschiffe zu erkennen: relativ kurze Untermasten, aufgemaltes Pfortenband, lange
Stengen und langes Vorgeschirr. Auf dem Achterschiff befindet sich das geschlossene
Poopdeck der Segler, die nach 1831 gebaut wurden.

Abb. 11   Die Bay of Panama nach einem Sturm

Abb. 12   Klipperschiff Spindrift, 1867

Abb. 13   Mannschaft beim Segelreffen

Abb. 14   Ein Brecher kommt über

Abb. 15 Klipperschiff Sovereign of the Seas

Abb. 16 Klipperschiff Flying Cloud

Abb. 17 Die halbe Logbuchseite der SOVEREIGN OF THE SEAS vom 18. März 1853 mit den Eintragungen über das Rekord-Etmal von 411 Seemeilen

A Journal of the Transactions and Remarkable Events on board the

H.	K.	F.	Courses.	Winds.	L.W	Thermometer Air.	Thermometer Water	Friday 18th

Course.	Distance.	D. Lat.	Depart.	Lat. by D.R.	Lat. by Obs.	Diff. Long.	Long. in.	Long. per L.	Long. per Chr.	Varia

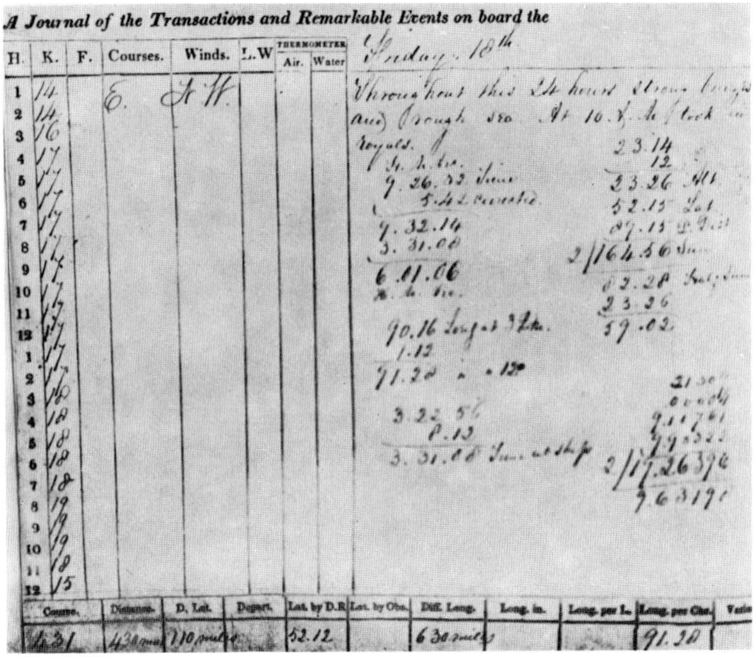

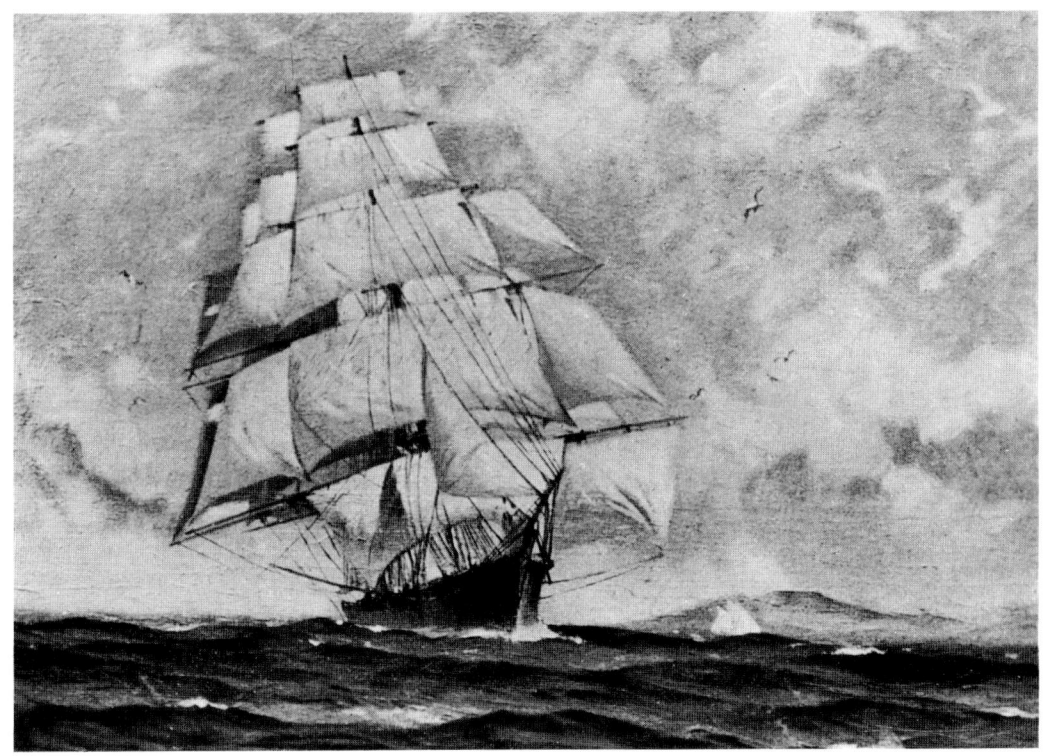

Abb. 18 Klipperschiff CHALLENGE

Abb. 19   Klipperschiff ORIENTAL, 1849

Abb. 20   J.W.WENDT, ex MORNING LIGHT, 1855

Abb. 21   Klipperschiff WITCH OF THE WAVE, 1851

Abb. 22   BALTIMORE, ex VOLUNTEER, 1863

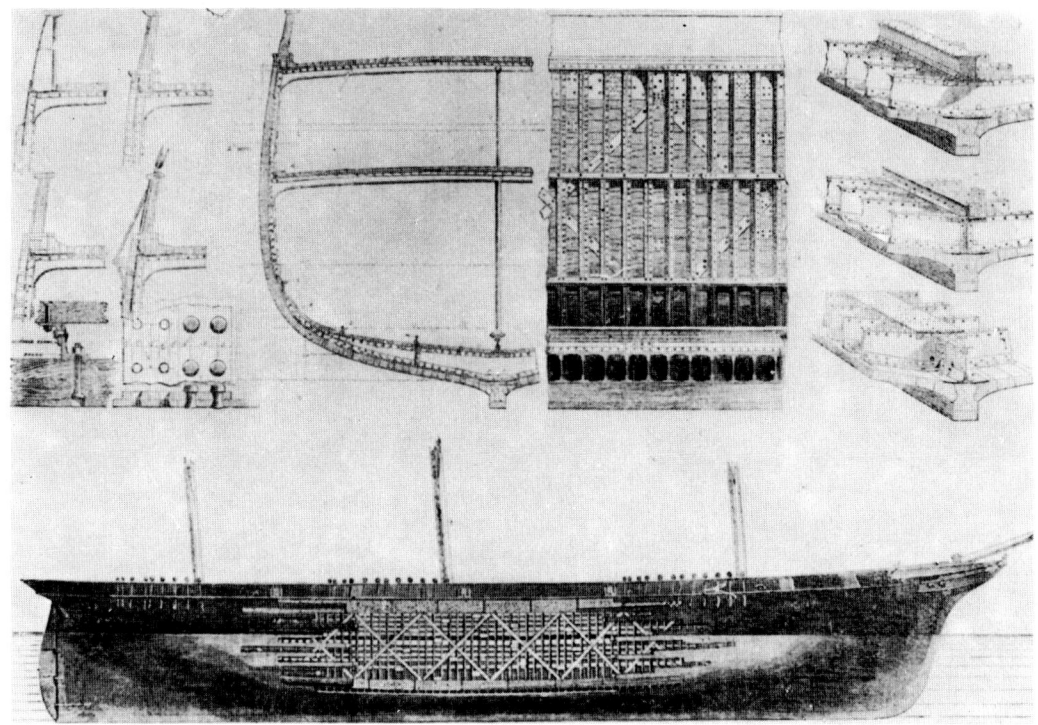

Abb. 23 Kompositbauweise

Abb. 24   Paketschiff CORINTHIAN der London Line von Grinnel, Minturn & Co., 1823

Abb. 25 Der Hafen von Hongkong um die Mitte des 19. Jahrhunderts

Abb. 26 Opiumklipper

Abb. 27 Sklavenschiff bei der Übernahme der »Fracht«

Abb. 28 Kap Hoorn wie es sich selten zeigt

Abb. 34   Ein Klipperschiff im Sturm vor Kap Hoorn

Abb. 35   Klipperschiff SEA WITCH

Abb. 36   Der Mastenwald des Hamburger Segelschiffhafens um 1900